AF142888

Johann Jacob Engel, Johann Wilhelm Meil, August Mylius

Ideen zu einer Mimik

Johann Jacob Engel, Johann Wilhelm Meil, August Mylius

Ideen zu einer Mimik

ISBN/EAN: 9783743337558

Hergestellt in Europa, USA, Kanada, Australien, Japan

Cover: Foto ©ninafisch / pixelio.de

Manufactured and distributed by brebook publishing software
(www.brebook.com)

Johann Jacob Engel, Johann Wilhelm Meil, August Mylius

Ideen zu einer Mimik

Ideen

zu einer

Mimik

von

J. J. Engel.

Erster Theil.

Ficta voluptatis caufa fint proxima veris.
HORATIUS.

Mit erläuternden Kupfertafeln.

Berlin 1785.

Auf Kosten des Verfassers und in Commission
bey August Mylius.

Ideen

zu

einer Mimik.

Erster Brief.

Die Gründe, womit Sie mir die Idee einer Mimik, deren ich neulich gegen Sie erwähnte, aus dem Sinne reden wollen, haben ganz die entgegengesezte Wirkung gethan; sie haben mich noch mehr darinn bestärkt. — Das ist der Charakter jedes Eigensinnigen, werden Sie sagen, daß er nur um so mehr auf seinen Vorsätzen besteht, je mehr man ihn davon abziehen will. — Ich hoffe, ich bin nicht eigensinnig, mein Freund; auch hab ich nichts weniger, als den Vorsaz, eine Mimik zu schreiben: aber einige einzelne Versuche mögt ich nun doch fast wagen, um mich

A 2   selbst

selbst von der Realität meines Gedankens mehr zu versichern.

Was Sie von unserm vortreflichen Lessing sagen, daß er irgendwo in seiner Dramaturgie von der Schauspielkunst, als einer Sache rede, die keine bestimmten Regeln zulasse, kann ich nicht finden. Ich finde nur folgende Stelle, von der Sie leicht einsehen werden, daß sie mehr für, als wider mich ist; denn wenn sie es gleich unentschieden läßt, ob eine Schauspielkunst in der That könne erfunden werden; so erregt sie doch wenigstens den Wunsch, daß eine vorhanden wäre. — „Wir haben Schau„spieler, heißt es *), aber keine Schauspiel„kunst. Wenn es vor Alters eine solche Kunst „gegeben hat; so haben wir sie nicht mehr; sie „ist verloren; sie muß ganz von neuem wieder „erfunden werden. Allgemeines Geschwätz „darüber hat man in verschiednen Sprachen „genug;

*) Th. 2. im letzten Stück.

„genug; aber specielle, von jedermann erkann-
„te, mit Deutlichkeit und Präcision abgefaßte
„Regeln, nach welchen der Tadel oder das
„Lob des Akteurs in einem besondern Falle zu
„bestimmen sey, deren wüßte ich kaum zwey
„oder drey. Daher kommt es, daß alles Rä-
„sonnement über diese Materie immer so schwan-
„kend und vieldeutig scheint, daß es eben kein
„Wunder ist, wenn der Schauspieler, der
„nichts als eine glückliche Routine hat, sich auf
„alle Weise dadurch beleidiget findet. Gelobt
„wird er sich nie genug; getadelt aber allezeit
„viel zu viel glauben: ja öfters wird er gar
„nicht einmal wissen, ob man ihn tadeln oder
„loben wollen. Ueberhaupt hat man die An-
„merkung schon längst gemacht, daß die Em-
„pfindlichkeit der Künstler, in Ansehung der
„Kritik, in eben dem Verhältnisse steigt, in wel-
„chem die Gewisheit und Deutlichkeit und Men-
„ge der Grundsätze ihrer Künste abnimmt.“ —

Ich

Ich finde hier nur Klage über das, was
ist; aber keine Spur von Zweifel, daß es nicht
anders seyn könnte, wenn sich nur einmal der
Untersuchungsgeist nach dieser Seite hin wen=
den wollte. Und wenn man das jemals unter
uns Deutschen hat hoffen können; so darf
mans vielleicht eben jezt, wo sich unsre Schau=
bühne anfängt zu bilden; wo selbst das Ober=
haupt der Nation auf Alles, was zur Vervoll=
kommung derselben beytragen kann, so groß=
müthig aufmerksam ist, daß es Schande wäre,
wenn nicht jeder fähige Kopf die verschiedenen
Künste, die sich auf der Bühne vereinigen,
nach allen Kräften wollte befördern helfen; wo
auch noch vor kurzem eine ähnliche Kunst ein
so allgemeines großes Interesse erwekte; ein
Interesse, das nur dadurch geschwächt ward,
weil man keine sichern allgemeinen Grundsätze
fand, die sich auch, aus wohlbekannten Ursa=
chen, nicht so leicht mögten finden lassen. Ich
nenne die Physiognomik eine der Mimik ähn=
liche

liche Kunst; denn beyde beschäftigen sich damit, den Ausdruk der Seele im Körper zu
beobachten: nur daß jene die festen bleibenden
Züge, woraus sich das Allgemeine eines Charakters abnehmen läßt, und diese die vorüber-
gehenden körperlichen Bewegungen untersucht,
die einen solchen und solchen einzelnen Zustand
der Seele ankündigen.

Gegen die obige Stelle unsers Lessings,
die Sie vermuthlich, obgleich nach einer falschen Erinnerung, im Sinne hatten, kann
ich Ihnen, aus einem frühern Werke von
ihm, eine andere nennen, welche das unwider-
sprechlichste Zeugniß enthält, daß er die Möglichkeit einer Schauspielkunst geglaubt, ja daß er
sogar den Entwurf dazu schon gemacht haben
müsse. Er giebt in dem ersten Bande seiner
theatralischen Bibliothek *) einen Auszug
aus dem Schauspieler des Remond von St.

A 4   Albi-

*) S. 209 — 266.

Albine, und entschuldigt sich wegen des zu
besorgenden Vorwurfs, daß er eine so interes=
sante Schrift nicht lieber ganz übersezt, durch
eine sehr richtige und scharfsinnige Kritik dersel=
ben, aus der ich Ihnen folgende Stelle, die
Ihnen sicher merkwürdig seyn wird, abschrei=
ben muß.

„Der Herr Remond von Sainte Albi=
„ne, sagt er, sezt in seinem ganzen Werke still=
„schweigend voraus, daß die äußerlichen Mo=
„difikationen des Körpers natürliche Folgen
„von der innern Beschaffenheit der Seele sind,
„die sich von selbst ohne Mühe ergeben. Es ist
„zwar wahr, daß jeder Mensch den Zustand
„seiner Seele durch Kennzeichen, welche in die
„Sinne fallen, einigermassen ausdrucken kann;
„der eine durch dieses, der andre durch jenes.
„Allein auf dem Theater will man Gesinnun=
„gen und Leidenschaften nicht bloß einiger=
„maßen ausgedruckt sehen; nicht nur auf die
un=

„unvollkommne Weiſe, wie ſie ein einzelner
„Menſch, wenn er ſich wirklich in eben denſel‑
„ben Umſtänden befände, vor ſich ausdrucken
„würde; ſondern man will ſie auf die aller‑
„vollkommenſte Art ausgedrukt ſehen; ſo wie
„ſie nicht beſſer und nicht vollſtändiger ausge‑
„drukt werden können. Dazu aber iſt kein an‑
„der Mittel, als die beſondern Arten, wie ſie
„ſich bey dem und jenem ausdrucken, kennen
„zu lernen, und eine allgemeine Art daraus
„zuſammenzuſetzen, die um ſo viel wahrer ſchei‑
„nen muß, da ein jeder etwas von der ſeinigen
„darinn entdekt. Kurz, ich glaube: der gan‑
„ze Grundſatz unſers Verfaſſers iſt umzukeh‑
„ren. Ich glaube, wenn der Schauſpieler alle
„äuſſerlichen Kennzeichen und Merkmale, alle
„Abänderungen des Körpers, von welchen
„man aus der Erfahrung gelernt hat, daß ſie
„etwas Gewiſſes ausdrucken, nachzumachen
„weiß; ſo wird ſich ſeine Seele durch den Ein‑
„druck, der durch die Sinne auf ſie geſchieht,

A 5   „von

„von selbst in den Stand setzen, der seinen Be-
„wegungen, Stellungen und Tönen gemäß ist.
„Diese nun auf eine gewisse mechanische Art
„zu erlernen; auf eine Art aber, die sich auf un-
„wandelbare Regeln gründet, an deren Da-
„seyn man durchgängig zweifelt, ist die einzige
„und wahre Art, die Schauspielkunst zu stu-
„diren. Allein was findet man hiervon in
„dem ganzen Schauspieler unsers Verfassers?
„Nichts, oder aufs höchste nur solche allgemei-
„ne Anmerkungen, welche uns leere Worte für
„Begriffe, oder ein ich weiß nicht was? für
„Erklärungen geben. Und eben dieses ist die
„Ursache, warum es nicht gut wäre, wenn
„unsre Zuschauer sich nach diesen Anmerkun-
„gen zu urtheilen gewöhnen wollten. Feuer,
„Empfindung, Eingeweide, Wahrheit,
„Natur, Anmuth, würden alle im Munde
„führen, und kein einziger würde vielleicht wis-
„sen, was er dabey denken müsse. Ich hoffe
„ehestens Gelegenheit zu haben, mich weit-

läuf-

„läuftiger hierüber zu erklären, wenn ich nehm-
„lich dem Publikum ein kleines Werk über die
„körperliche Beredsamkeit vorlegen wer-
„de, von welchem ich jezt weiter nichts sagen
„will, als daß ich mir alle Mühe gegeben ha-
„be, die Erlernung derselben eben so sicher als
„leicht zu machen."

Diese lezten Worte sind es vornehmlich,
um derentwillen ich Ihnen die Stelle abge-
schrieben. Derjenige, der selbst den Vorsatz
hatte, eine Mimik zu schreiben; der dazu schon
den vollen Entwurf, wenn auch nicht auf dem
Blatte, wenigstens im Kopfe gemacht hatte —
denn nichts sah Lessingen weniger ähnlich, als
zu versprechen, wo er noch ungewiß war, ob
er halten könnte: — der kann doch nimmer-
mehr an der Möglichkeit einer Mimik gezweifelt
haben. Sagen Sie nicht, daß er in der
Folge unübersteigliche Schwierigkeiten entdekt
haben müsse, weil wir sonst das Werkchen,

das

das er hier ankündigt, besißen würden. Es
sind mehrere Werke von ihm ungeschrieben geblieben, die er schon völlig durchdacht hatte,
und denen weiter nichts als der lezte Dienst seiner Feder fehlte. In dem Kopfe dieses vortreflichen Mannes, der auf immer der Stolz
unsrer Litteratur bleiben wird, vereinigten sich
so mancherley Fähigkeiten, so unbegrenzte
Kenntnisse, und eine fast von aller Prädilek-
tion so freye Liebe zu jeder Art von Untersuchung, daß er immer von Idee auf Idee, von
Plan auf Plan gerieth, und daß es ihm also
natürlicher Weise unmöglich fiel, jeden auszu-
führen, oder auch angefangene Pläne, wenn
sie zu vielbefassend und von zu aufhaltender
Mühsamkeit waren, ganz zu vollenden. Daher seine vielen unvollständig gebliebenen Werke. Auch die geläufigste Hand, wie doch die
seinige nicht war — denn Lessing schrieb nie
ohne Mühe — hätte einem so Ideenreichen
Kopfe unmöglich nacharbeiten können.

Viel-

Vielleicht auch fand er, wenn er anders wirklich zu schreiben anfing, daß aus dem Werk= chen, welches er sich eingebildet hatte, ein Werk werden müßte. Und nur Werkchen, nicht Werke, waren eigentlich Lessings Sache; theils aus der schon angeführten, theils aus ei= ner noch andern Ursache, die ihm gleich sehr zur Ehre gereicht. Sein ungemeiner Scharf= sinn, der bey ihm die herrschende Seelenkraft war, die alle übrigen lenkte, durch die er, mögt ich sagen, alle übrigen hatte; dieser un= gemeine Scharfsinn zeigte ihm in jedem einzel= nen Theil eines Ganzen so unendlich Vieles, und seine so ausgebreitete Gelehrsamkeit ver= mehrte noch die Menge der Gedanken, die ihm auf einmal zuströmten, so sehr, daß er im= mer nur auf die Bearbeitung von kleinen Gan= zen fiel; von einzelnen Ideen, einzelnen Thei= len einer Wissenschaft, wo er sich durchzuar= beiten hoffen konnte. Ein zu reicher Gegen= stand schrekte ihn allzuleicht durch die Un=

enden=

endlichkeit der Ideen ab, die er dabey zu ent=
wickeln und durchzudisputiren fand; — denn
Entwickeln und Disputiren war gerade die ein=
zige Art des Vortrags, die ihm Scharfsinn
und Gelehrsamkeit angenehm machten; — er
sah, bey der Fülle der Materie und der un=
vermeidlichen Weitläuftigkeit der Methode,
kein Aufhören der Arbeit, und fürchtete, was
einem so lebhaften Geist unerträglich war, daß
er zu lange auf einerley Fleck würde verweilen
müssen.

Zwey=

Zweyter Brief.

Sie haben die Ursache errathen, warum ich die Lessingische Kritik des Remond von St. Albine für Sie merkwürdig geglaubt. Die Stelle enthielt eine so richtige Beantwortung dessen, was Sie wider die Nützlichkeit einer Schauspielkunst gegen mich erinnert hatten, und in dem Munde eines Mannes, für den Sie ein so gerechtes Vorurtheil hegen, mußten so gute Gründe ein noch stärkeres Gewicht erlangen.

Die Schauspieler reden alle von Empfindung, und glauben, daß sie sicher vortreflich spielen werden, wenn sie sich nur, nach dem Rath des Cahusac *), bis zum Enthusiasmus

*) S. Historische Abhandlung von der alten und neuen Tanzkunst. Zu Ende.

mus mit ihrem Stof erfüllen. Nur von Einem, aber noch immer dem vortreflichsten
Schauspieler, den ich gekannt habe, von unserm Ekhoff weiß ich, daß er sich, weder in
Ansehung der Deklamation noch des Spiels,
auf die blosse Empfindung verließ; daß er sich
vielmehr, während der Vorstellung, in Acht
nahm, nicht zu sehr in Empfindung zu gerathen, damit er nicht, bey ermangelnder
Besonnenheit, mit weniger Wahrheit, Ausdruck, Harmonie und Haltung spielte. — Das
Höchste, was ein Künstler herausbringen kann,
der sich blos seiner Empfindung überläßt, ist denn
doch immer nur das: daß er die Leidenschaften,
die ihm der Dichter in die Imagination legt,
getreu so darstelle, wie sie in der Wirklichkeit
selbst sich an den Personen äussern würden;
mit einem Worte: daß er die Natur völlig er-
reiche. Aber Nachahmung, Darstellung der
Natur ist, wie man schon oft erinnert hat und
nöch immer von neuem zu erinnern Ursache
findet,

findet, ein Grundsaß, der nirgends hinreicht.
Der Natur gelingt Manches in einer Vollkommenheit, daß die Kunst nichts weiter thun kann,
als es sorgfältig aufzufassen und getreu wieder
darzustellen; aber manches, auch wo sie am
besten wirkt, erreicht bey ihr den Grad der
Vollkommenheit nicht, den es sollte; manches
geräth ihr falsch, manches zu schwach oder zu
stark: Und da erfordert denn die Pflicht der
Kunst, aus einer gesammelten Menge von Beobachtungen, oder nach Grundsäßen, die aus
diesen Beobachtungen gezogen sind, die Fehler
der Natur zu verbessern, das Falsche zu berichtigen, das zu Starke auf den gehörigen Grad
herabzusetzen, das zu Schwache bis zur gehörigen Kraft zu verstärken. — Wie viel Fehler oder doch Nachlässigkeiten in der Sprache,
wie viel schiefe, matte, überspannte, weit-
schweifige, dunkle, verworrne Reden können
selbst dem Bestrebenden in der Hiße der Empfindung entwischen, weil er da immer nur den

B   näch-

nächſten Ausdruck greift, der ſich ihm darbeut,
und das Gedächtnis nicht jederzeit die beſſern,
bedeutendern, angemeßnern Ausdrücke und
Wendungen hergeben will! Soll darum der
Dichter Alles ſo hinſchreiben, wie er es hören
würde? Soll er nicht vielmehr dem Ausdrucke
die Vollkommenheit durchgängig zu geben ſu=
chen, die er in der Natur nur hie und da, aber
dann auch oft in einem ganz ausnehmenden
Grade, hat? Soll er nicht Alles dem Charak=
ter und der Leidenſchaft auf das genaueſte an=
meſſen? Soll er ſich darauf verlaſſen, daß ſo
wie in der Wirklichkeit, auch auf der Bühne,
der Ton ſchon das Wort, Mine und Geſten
vielleicht beyde berichtigen, erklären, mäßigen
werden? Soll er nicht ſeine Worte ſo wählen,
daß Ton, Mine, Geſtus dazu nicht erſt dür=
fen gefunden, daß ſie vielmehr dadurch ange=
geben werden? *) Und werden wir nicht eben

dann

*) Cic. in Bruto. c. 29. Quid dicam opus eſſe

doc-

dann die höchste Wahrheit von seinem Werke rühmen, wenn wir überall diese Angemef-
senheit, diese Präcision des Ausdruckes finden? — So aber, wie die Pflicht des Dichters, so auch die Pflicht des Schauspielers.
Denn auch im Ton der Sprache und in der
Bewegung der Glieder versieht und verfehlt,
schwächt oder übertreibt die Natur, selbst bey
dem Besten, so Manches; es entstehn so
manche Lücken, Auswüchse, kleine Disharmo-
nieen, die der Künstler, wenn er seinen Namen
verdienen will, ausfüllen, wegschneiden, durch
Bessers ersetzen muß. Werke der Kunst jeder
Art müssen als die vollkommensten Produkte der
Natur erscheinen, die unter Millionen möglicher Würfe in der That einmal fallen könnten,
aber nach aller Wahrscheinlichkeit so leicht nie
fallen werden. — Wenn Worte, Ton, Be-

B 2   we-

doctrina? sine qua, etiam si quid bene dici-
tur, adiuvante natura, tamen id, quia fortui-
to fit, semper paratum esse non potest.

wegung, auf das vollkommenſte unter einan=
der, und alle aufs vollkommenſte mit Leiden=
ſchaft, Situation und Charakter übereinſtim=
men; dann erſt entſteht der höchſte mögliche
Grad der Wahrheit, und durch dieſe Wahr=
heit die höchſte mögliche Täuſchung.

Was nach Regeln gemacht wird, ſagen
Sie, wird allemal kalt, ſteif, ängſtlich blei=
ben. — Das iſt, rechtverſtanden, wahr;
aber ſo, wie Sie es anwenden, ſicher falſch
und alſo mißverſtanden.

So lange ſich der Lehrling die Regel noch
mit Bewußtſeyn denkt; ſie ſich immer zurük=
ruft, noch keine Sicherheit in ſeinem Verfah=
ren hat und immer zu fehlen fürchtet; ſo lan=
ge freylich wird die Ausübung äufferſt unvoll=
kommen und ſelbſt weit unvollkommner ſeyn,
als wenn er ſich bloß der Leitung eines glückli=
chen Inſtinkts überließe. Auch wird die Fer=
tigkeit

tigkeit nach einem deutlichen Regelnerkenntnis
sicher später, als nach dunkeln Empfindungs=
ideen erwachsen. Aber erwachsen wird sie denn
nun am Ende doch;. die sonst deutlich gedachte
Regel wird selbst zur Empfindungsidee werden,
die bey jedem vorkommenden Fall mit größter
Leichtigkeit und Schnelligkeit sich darbeut: die
Seele wird durch die Aufmerksamkeit, die sie
auf die Regel zu wenden hat, von ihrer Kraft
nichts mehr verlieren, denn es wird dieser Auf=
merksamkeit nicht mehr bedürfen; die Ausübung
wird eben so lebhaft, fliessend, geschmeidig, als bey
dem blossen Lehrling der Natur, aber mit weit
mehr Sicherheit, Wirkung, Geschick sich in
Schwierigkeiten durchzuhelfen, erfolgen. —
Freylich wird ein Mensch, von Empfindung
und Gedächtnis für die Musik, wenn er die
Melodieen, die er im Kopf hat, ohne Noten
auf dem Flügel wieder herauszubringen sucht,
und die Finger braucht, wie es die Natur ihm
eingiebt oder die Bequemlichkeit ihm räth; frey=

lich

lich wird so ein Mensch weit leichter und früher ein
Spieler werden, als der erst Noten lesen und die
Finger nach Bachischer Methode setzen lernt.
Erst bey jeder Note zusehn, auf welcher Linie
sie stehe oder wie oft sie gestrichen sey? sich des
Diskant- und des Baßschlüssels erinnern, die
Dauer der Note schätzen, u. s. w.; bey jedem
Anschlagen der Taste sich erst fragen, welcher
Finger müsse genommen werden? das muß
freylich eine ewige Zeit hindurch nichts als
Zwang und Stümperwerk geben. Aber wenn
nun am Ende die Fertigkeit kommt, wie sie bey
ausdaurendem Fleiße nicht ermangelt zu kommen, so wird der Schüler, was jener nie werden kann, Meister; ein Meister, der alle auf
dem Instrument nur praktikable Schwierigkeiten herausbringt, und mit einer Leichtigkeit,
Präcision, Sicherheit vorträgt, die der bloße
Naturalist nie ganz wird erreichen können. —
So in dieser und so in allen übrigen Künsten:
und bloß die Mimik, wenn wir die Kunst
nur

nur erſt hätten, ſollte einen Unterſchied machen? *)

Doch immerhin mag die Gebehrdenkunſt
dem Schauſpieler ſelbſt und allen zeichnenden
Künſtlern entbehrlich ſeyn; immerhin mag die
Uebung nach bloßer dunkler Erkenntnis zu allen Bedürfniſſen der Künſte mehr als hinrei-
chen: ſo wäre doch immer die Theorie einer
ſolchen Kunſt eine Art von Kenntnis, und von
Kenntnis des Menſchen, die als ſolche ihren
innern abſoluten Werth hätte; einen Werth, der
ſie, auch ohne jenen relativen, jedem denkenden
Manne ſchätzbar machen müßte. Sollte denn
der moraliſche Menſch dem Beobachter nicht
wenigſtens eben ſo viel werth ſeyn, als einem

B 4

Trem=

*) Man ſehe auch, wenn man will, den Obſerva-
vateur ſur l'art du Comedien S. 28., und
die auch dort angeführte Schrift: Garrik oder
die engländiſchen Schauſpieler, S. 8. der deutſchen Ueberſetzung.

Trembley der Polype oder einem Bonnet die Blattlaus? — Wir kennen die Natur der Seele nur durch ihre Wirkungen, und sicher würden wir manchen Aufschluß mehr über sie erhalten, wenn wir diese Art ihrer Wirkungen, die mannichfaltigen Ausdrücke ihrer Ideen und Bewegungen im Körper, fleissiger beobachten wollten. Da wir sie unmittelbar nicht sehen können; so sollten wir um so fleissiger und aufmerksamer auf ihren Spiegel, oder, noch besser, auf ihren Schleyer sehen, der fein und beweglich genug ist, um uns durch seine leichten Falten hindurch ihre Bildung errathen zu lassen.

Drit=

Dritter Brief.

Sie nehmen den Einwurf zurück, den Sie
gegen die Nützlichkeit einer Mimik gemacht hat=
ten, und erklären sich über die Verachtung der
Regeln vollkommen zu meinem Beyfall. Das
Genie, meynen Sie, habe unstreitig Recht,
über falsche, unbestimmte, einseitige Regeln
als über Fesseln zu klagen und sie mit Unwil=
len von sich abzuschütteln; aber überhaupt wi=
der die Regeln könne es nicht murren, ohne ge=
gen sich Verdacht zu erwecken. Denn alles wah=
re Genie strebe hin nach Vollkommenheit, und
alle wahre Regel sey Wegweiser dahin. Es
verrathe unleidlichen Stolz, einen Wegweiser
nicht hören zu wollen, der die Gänge so man=
cher frühern Genies beachtet, alle Fehltritte be=
merkt, alle Abwege erkundigt, und schon so
manchen glüklich bis auf die ersteigliche Höhe

B 5   der

der Vollkommenheit hingewiesen habe; oder
es verrathe auch Bewußtseyn seines Unver=
mögens, die nehmliche Höhe erreichen zu kön=
nen, und neidischen Unwillen, daß der offen=
herzige Wegweiser jedem, der auch nicht selbst
zu steigen Lust hat, verräth, bis wie weit
Kraft und Arbeit und Muth wirklich führen
können. — Wenn Sie in Ihrer Anmerkung
Recht haben; so ist es doch seltsam, daß es
gerade unsere Genies sind, die wider die
Regeln ein so lautes Geschrey erheben. —

So nachgiebig, wie jezt schon in Ansehung
der Nüzlichkeit, versprechen Sie auch in An=
hung der Möglichkeit einer Mimik zu seyn,
wenn ich erst Ihren Haupteinwurf widerlegt
haben werde. Denn freylich habe ich bis izt
nur gegen einen Nebengrund gefochten, und
fordern kann ich es nicht, daß Sie sich auf eine
bloße Autorität, wenn auch des größten Man=
nes, ergeben sollen. Auch würde Ihr Ein=
wurf

wurf schon von mir beantwortet seyn, wenn
ich ihn erst verstanden, oder eh ich ihn in einem falschen Sinne nähme, nicht lieber erwartet hätte, daß Sie sich näher erklärten. Allein
Sie reden auch jezt wieder von einer unendlichen Mannichfaltigkeit der Materie; Sie be-
haupten, daß das, was so grenzenlos sey, sich
in keine Regeln fassen, in keine Theorieen ein-
zwängen lasse, und Sie glauben, daß vielleicht
eben dieseGrenzenlosigkeit die Klippe gewesen, an
welcher der Vorsatz unsers Lessings gescheitert.

.Es ist mir unwahrscheinlich, daß Sie die
Arten der Seelenveränderungen selbst, die sich
durch den Körper ausdrucken lassen, für so
unendlich, so unbestimmbar sollten gehalten
haben. Der gemischten zusammengesezten
Empfindungen ist ohne Zweifel die größte An-
zahl; aber wenn man nur die reinern, einfa-
chern, und für jede derselben einen bestimmten
Ausdruk angeben könnte, so müßte dadurch, wie

es

es scheint, auch für jene Mischungen der Aus=
druk schon so ziemlich bestimmt seyn. So wie
diese selbst Zusammensetzungen der einfachen
sind; so würde auch vermuthlich ihr Ausdruk
mehrere einfache Ausdrücke verbinden: und es
käme darauf an, ob sich nicht gewisse Regeln,
nach welchen diese Verbindung geschehen müß=
te, entdecken ließen. Was wär es denn nun
auch weiter, wenn man wirklich mit der Kunst
nie zu Ende käme? Besser doch immer, man
wisse Vieles, als Nichts, und auch schon da=
rum besser, weil man durch das, was man
weiß, desto geschikter wird, das, was man
noch nicht weiß, hinzuzulernen.

Eben so unwahrscheinlich ist es mir, daß
Sie an die unendliche Mannichfaltigkeit der Ob=
jekte unsers Denkens, Begehrens, Verab=
scheuens sollten gedacht haben. Denn das
wäre allenfalls ein Einwurf gegen jene alte
Kunst der Pantomime, jene Art von Gebehr=
den=

denſprache, die ohne Wörter wollte verſtanden
ſeyn, und von einem dieſer Sprache Unkundi-
gen nicht ſo ganz konnte verſtanden werden;
es wäre kein Einwurf gegen die Möglichkeit
einer Mimik, wie ich ſie mir denke, die nicht
ſowohl ſoll malen, als ausdrucken, weniger
ſelbſt ſprechen, als die Sprache begleiten, un-
terſtützen lehren. Ohne Zweifel erinnern Sie
ſich, was Sie über jene Kunſt bey einigen
Alten, und vorzüglich beym Lucian *) werden geleſen haben. Sie iſt verloren, dieſe
Kunſt, und ich kann nicht ſagen, daß ich ſie
eben wieder erneuert wünſchte, ob ich gleich dem
Lobe, das ihr Lucian mit einer ſo verſchwen-
deriſchen Beredſamkeit giebt, nicht im Ganzen
will widerſprochen haben. Die wahrere, Ge-
ſchmakvollere Kunſt mögte doch immer die des
Schauſpielers ſeyn, und beyde Künſte, fürchte
ich,

*) In ſeiner bekannten Abhandlung von der
Tanzkunſt.

ich, mögten nicht zugleich können vervollkommt
werden, ohne daß jene dadurch von ihren
Liebhabern, und was mehr ist, von ihrem
Werthe verlöre. Der Schauspieler mögte sich
vielleicht mit dem Publikum zur Bewunderung
des Pantomimen vereinigen; die Bewunderung mögte zur Nachahmung verleiten: und
über dem Malen der Ideen, das der Pantomime nicht entbehren kann, mögte jener die
reellere bessere Kunst des Ausdrufs verlernen.
Oder wenn auch dieß nicht erfolgte, so mögte
er wenigstens von dem Pantomimen eine zu
reiche, zu lebhafte, eine übertriebene Art zu
spielen annehmen. Denn dieser, wie der Abbt
Dubos *) mit Recht bemerkt, mußte, um
verständlich zu seyn, alle seine Bewegungen
kräftiger und auffallender, als der bloße Schauspieler, machen. Und das rechte Maaß, das
in allen Künsten eine so wesentliche Bedingung

der

*) Reflexions crit. sur la poësie & sur la peintu-
re. III. p. 279.

der Schönheit ist, trift sich ohnehin schon so
schwer!

Es ist nur noch Ein Sinn für Ihren Einwurf übrig, der vermuthlich der wahre ist.
Sie haben, denke ich, sagen wollen: daß eine
und dieselbige Veränderung der Seele von verschiedenen Menschen unendlich verschieden ausgedruft werde, ohne daß darum der eine Ausdruck besser als der andere sey. Vielmehr
komme es auf National- und persönlichen Charakter, auf Stand, Alter, Geschlecht, auf
hundert andere Umstände an, welcher jedesmal
der mehr bedeutende, mehr angemessene sey.
So erklärt ist Ihr Einwurf in der That wichtig genug, um eine sorgfältige Untersuchung
und Beantwortung zu verdienen.

Vier-

Vierter Brief.

Warum ich, fragen Sie, Ihren Einwurf in dem dritten Sinne, den Sie in der That für den Ihrigen erkennen, so wichtig und der Untersuchung so würdig finde? Darum: weil er auf die Methode zu führen scheint, wie die Mimik vielleicht am besten könnte erfunden werden, und weil er mir die Grenzen bestimmen hilft, innerhalb welcher die Theorie sich einzig müßte halten wollen. — Sie werden mich bald verstehen, wenn ich erst den Einwurf selbst werde gehoben und in dem, was Ihnen so unendlich dünkt, werde Ziel und Schranken gefunden haben.

Es ist wahr, daß sich die Nationen im Ausdrucke ihrer Gesinnungen oft ungemein unterscheiden; ja daß die eine darinn der andern

dern oft völlig entgegensteht. Der Europäer, um Achtung, um Ehrerbietung auszudrucken, entblößt sein Haupt; der Orientaler hält es bedekt: jener, auch bey den höhern Graden der Verehrung, beugt nur Haupt und Rücken, höchstens das Knie; dieser, wenn er die tiefste Ehrfurcht bezeichnen will, verhüllt sich und wirft sich auf sein Angesicht zur Erde. — Das Entblößen des Haupts bey den Europäern ist ohne Zweifel kein natürlicher Ausdruck, sondern bloß eine Anspielung auf irgend einen alten willkührlichen Gebrauch; vermuthlich auf den Gebrauch der Römer, die ihren Knechten, nicht eher als bey der Freylassung, den Hut gaben, der noch eben daher ein Sinnbild der Freyheit ist. — Der Talmud zwar will das anders wissen. Er leitet den Gebrauch der Christen, das Haupt zu entblößen, von dem Stifter ihrer Religion her, der seinen Vorsaß, die Gebräuche des jüdischen Gottesdienstes aufzuheben, gleich dadurch angekündigt, daß

C   er

er mit unbedektem Haupt in die Synagoge ge-
treten. So viel ich weiß, fehlt jezt diese Tradition im Talmud, weil man sie den Christen anstößig gefunden.

Das Verhüllen des Angesichts ist ein natürlicher, aber aufs höchste getriebener Ausdruk der Verehrung; es ist der Ausdruk der
sich verbergenden Scham; das demüthigste
Geständnis von dem Gefühl seiner eigenen Unvollkommenheit, in Vergleichung mit den erhabnen Vollkommenheiten des Andern. Die
Scham ist überhaupt, so wie die Furcht, der
Verehrung nahe verwandt; daher auch der
kältere Europäer, wo er Verehrung ausdrukt,
die Augen gern zur Erde schlägt, oder sie doch
nur scheu und furchtsam erhebt. — Ziehen
Sie die Unterschiede ab; vergessen Sie die Anspielung des Europäers und den größern Enthusiasmus des Orientalers: und es bleibt das
natürliche, das wesentliche Zeichen der Gesinnung

nung übrig: die Erniedrigung, die Verkür-
zung des Körpers. Am stärksten ist dieser
Ausdruk, wo der Mensch seine ganze Länge
zur Erde strekt und auf sein Angesicht fällt;
am schwächsten, wo er nur eine bloße Beugung des Haupts macht, oder wohl gar die
Beugung des Körpers, die nicht wirklich erfolgt, durch ein Niederbewegen der Hand nur
andeutet. Ich schliesse, daß dieses Zeichen natürlich, wesentlich seyn muß, weil es allgemein
ist; weil es bey allen Nationen, Ständen,
Geschlechtern, Charaktern, obgleich mit verschiedenen Abänderungen, Statt findet. Ich
wüßte kein Volk, keine Menschenart, die
Hochachtung und Ehrerbietung dadurch zu erkennen gäbe, daß sie das Haupt erhübe und
ihre Länge zu vergrößern strebte. So wie
ich im Gegentheil auch kein Volk, keine
Menschenart wüßte, bey welcher der Stolz
das Haupt nicht aufrichtete, nicht seine ganze
Länge emporstrekte und lieber auf die Spitzen

der

der Zähen träte, um noch höher zu schei=
nen. *)

So wie der Charakter ganzer Nationen
den Ausdruk abändert, so auch der besondere
Charakter der Geschlechter und Alter, und der
individuelle jedes einzelnen Menschen. Die
unterscheidenden Grundbestimmungen seiner
moralischen Natur und das Eigne in Bau und
Organisation seines Körpers modificiren seine
Gesinnungen und die Ausdrücke derselben auf
mancherley Art, ohne sie gleichwohl in ihrem
Wesen zu ändern. Der eine ist in Allem
rascher, stärker, feiner; der andere träger,
schwächer, plumper: wo der eine schon aus=
druft,

*) S. auch Home Grundsätze der Kritik, Theil 1.
Kap. 15. S. 563 der neuen deutschen Aus=
gabe. — Unten wird sich, bey Erklärung
dieses Ausdrufs Gelegenheit finden, einem
zu besorgenden Einwurfe gegen die Allgemein=
heit desselben vorzubeugen.

drukt, da bleibt der andre noch unbeweglich: wo der eine vor Ungeduld den ganzen Körper schon um und um dreht, da spricht die Aergernis bey dem andern nur noch durch Minen: wo der eine schon ein lautes Gelächter aufschlägt, da äussert sich bey dem andern nur noch ein Lächeln.

Mit den Ständen ist es wieder das Nehmliche. Handschlag, Kuß, Umarmung sind drey Arten von Versicherungen der Freundschaft; die erste die schwächste, weil sie von den Körpern nur ein Paar ihrer äussersten Theile vereinigt; die lezte die stärkste, weil sie die ganzen Körper einander näher bringt und ihre obern Theile umschlingt. Die vornehmen Stände, bey welchen Höflichkeit zur Tugend geworden, haben sich ein Ding, das sie Lebensart, Welt nennen, aus einer Menge raffinirter Dienst- und Freundschaftsbezeugungen zusammengesezt, welche alle auf die höch-

sten

ſten Grade hindeuten, die das jedesmalige
Verhältnis nur zuläßt. Sie reden von Entzücken, wo Vergnügen ſchon viel zu viel wäre;
ſie verbeugen ſich tief, wo ſie kaum mit der leichteſten Bewegung des Hauptes danken ſollten;
ſie brechen in Umarmungen aus, wo der wahre Ausdruk vielleicht nur ein nicht unfreundli-
ches Annähern um ein Paar Schritte wäre.
Beydes ihr Ton und ihre Bewegung haben
denn aber auch alles das Flache, Kalte, Flüchtige, was eine natürliche Folge der Disharmo-
monie zwiſchen Geſinnung und Ausdruk
iſt. — Der Landmann, dieſer unverdorbene
Sohn der Natur, kann auch umarmen; aber
er ſpart dieſen höchſten Ausdruk der Liebe nur
für die Augenblicke ſeines Entzückens; etwa
für den lange entfernt geweſnen und nun wie-
derkommenden Sohn: die Freundſchaft ſchlägt
bey ihm nur Hand in Hand, aber weil es Ausdruk des Herzens iſt, ſo geſchieht es mit voller
Kraft, voller Wärme. — Sie ſehen, daß
auch

auch hier wieder ein Wesentliches, ein Allge=
meines, nehmlich der Vereinigungstrieb, als
die natürliche Folge der Freundschaft bleibt,
und daß die ganze Verschiedenheit bey den
Ständen nur in dem Grade, in der Innigkeit
der Vereinigung, und dann noch in einigen
Nebenbestimmungen, wie in der Feinheit oder
Plumpheit, Wärme oder Kälte der Art liegt.

Auf dieses Wesentliche, dieses Natürliche
nun, welches nach Absonderung aller Verschie=
denheit unter den Menschen übrig bleibt, müß=
te sich meines Erachtens die Mimik einschränken
und alles zu Specielle, zu Eigenthümliche fah=
ren lassen. Nicht bloß darum, weil sonst die
Materie zu unbegrenzt seyn und sich weder An=
fang noch Ende der Arbeit würde absehen las=
sen, sondern vorzüglich darum, weil aus der
Zusammenstellung dieses Natürlichen und We=
sentlichen eine ganz andere Art von Kenntnis,
als aus der Sammlung der übrigen Beobach=

tungen

tungen erwachsen müßte. Die leztere würde im Ganzen immer nur historische Kenntnis bleiben; die erstere, wenn mich nicht alle Erwartung trügt, müßte sich zur philosophischen erheben lassen. Es müßten allgemeine Grundsätze können abstrahirt; es müßte eine Art von wissenschaftlicher, systematischer Form für sie können gefunden werden. Dieser Entzwek aber, falls er erreicht werden kann, würde vereitelt oder erschwert, wenn man das Wesentliche mit dem Zufälligen, das Allgemeine mit dem Besondern, das Natürliche mit dem Willkührlichen, durch einander würfe.

Ich läugne nicht, daß die eine Art von Kenntnis dem Schauspieler nicht eben so unentbehrlich, wie die andere sey: aber was hinderte ihn, jede derselben besonders zu erlangen? Die Kenntnis der Stände und Alter — denn von den Geschlechtern ist kaum die Rede mehr, da Verkleidungen nur selten vorfallen, und auf unfern Bühnen nicht mehr, wie auf den alten, auch die weiblichen Rollen mit Männern besezt sind: — also die Kenntnis jener und aller besondern Arten von Charakteren durch ausgebreitetern Umgang mit der Welt; entfernterer Nationen und Zeitalter aus Geschichtbüchern, aus Reisebeschreibungen. Es wäre eine Wohlthat, die dem Schauspieler noch fehlt, wenn jemand eine Notiz von den Sitten und Gebräuchen verschiedner Zeiten und Nationen für ihn auffetzen wollte. Je räfonnirter fie wäre; je tiefer fie ihn in den allgemeinen Geift der Zeiten und Völker hineinführte: defto leichter und vollftändiger würde fich feine Einbildungskraft die Bilder entwerfen; defto treffender fein Spiel fie darftellen können.

Ueber das Charakteriftifche einzelner Stände hat Herr Lichtenberg *) Betrach-

C 5 tun-

*) Im Göttingifchen Magazin.

tungen angefangen, die ein jeder wird fort=
gesezt wünschen. Erschöpfen zwar wird die=
ser scharfsinnige und angenehme Schriftsteller
seine Materie nie; aber schon Vortheils
genug, wenn er nur den Beobachtungsgeist
mehr erweckt, der bey uns in Wissenschaften
und Künsten noch immer ein wenig schlum=
mert. ·

Fünf=

Fünfter Brief.

Das Blatt, wie ich sehe, hat sich gewandt, und eben Sie, der Sie von keiner Mimik hören wollten, sind jezt der Erste, mich dazu aufzufordern. Alle Schauspieler, meynen Sie, würden mir so ein Werkchen von Herzen danken. — Ich weiß nicht. — Es ist schon wahr, was Sie sagen: daß keinem Künstler die Vollkommenheit in seiner Kunst so wichtig, so interessant, als dem Schauspieler, seyn muß, weil keiner so unmittelbaren, so gegenwärtigen, so vollen Genuß des Beyfalls hat, als er; und Sie könnten noch hinzusehen: weil auch keinen der Tadel, die Verachtung seines Werkes auf eine so empfindliche Art trift, als ihn. Nicht bloß darum, weil auch diese Verachtung, eben wie der Beyfall, so laut, so unmittelbar erfolgt, oder weil er so gegenwärtiger

tiger Zeuge derselben ist, der sich nicht, wie jener Maler, hinter der Thüre halten kann, indessen das vorübergehende Publikum sein Gemälde richtet; sondern vornehmlich, weil es so äusserst schwer ist, ihn und sein Werk von einander zu trennen; weil er an sich selbst, an seinem eigenen Körper dieß Werk hervorbringt, und weil also bey ihm die Verachtung der Kunst immer zugleich die Person streift. Man begreift hieraus die so große, oft so übertriebene Empfindlichkeit dieser Künstler gegen Kritiken: aber wie begreift man die so sehr unter ihnen herrschende Sorglosigkeit sich zu vervollkommen, sich durch Lektüre und Nachdenken und gewähltern Umgang für jedes Erfordernis ihrer Kunst mehr zu bilden? Die Meisten lassen sich die Unwissenheit, die Geschmaklosigkeit ihres Publikums so wohl behagen; sie suchen weit lieber durch Kabalen, durch An sich reissen interessanter Rollen, die statt ihrer spielen, durch neidische Entfernung Anderer Beyfall

fall zu erschleichen, als ihn durch wirkliche Voll=
kommenheit ihres Spiels zu verdienen. Wer
sie öffentlich unterrichten will, fürcht ich, der
erwirbt sich eher ihren Unwillen, als ihren
Dank: denn indem er sie erleuchtet, macht er
ihnen zugleich das Publikum klüger, und der
wohlfeile Preis, um den sie bisher ihren Bey=
fall einzukaufen pflegten, wird ihnen gestei=
gert.

Doch freylich giebt es auch unter diesen
Künstlern Edle, die anders denken: und wenn
auch nicht um ihrentwillen, da sies vielleicht
nicht bedürfen, so würd ich, schon um des in=
nern absoluten Werths dieser Art von Kennt=
nis willen, Ihrem Winke so gerne, so gerne
folgen, wenn es mir nur nicht an Fähigkeiten
dazu, und wenigstens eben so sehr an einem
hinlänglichen Vorrath von eignen oder fremden
Beobachtungen fehlte. Sulzers *) Wunsch,

daß

*) Allg. Theorie der Sch. Künste. Artik. Pantomime.

daß man viele einzelne Scenen, in Rükſicht
auf die ihnen zukommende Pantomime, kritiſch
beleuchten mögte, iſt, bis auf einige Verſuche,
noch bis izt unerfüllt geblieben. — Alles, worauf
ich mich, bey ſolchen Umſtänden, einlaſſen kann,
ſind einige hingeworfene Ideen über das Ganze,
die Bemerkung einiger ſchwierigen Punkte dieſer
Theorie und höchſtens die Bearbeitung einiger
einzelnen Theile.

Um mir Tag zu machen, muß ich vor allen
Dingen die mancherley körperlichen Veränderungen, die der Schauspieler dem wirklichen Leben nachbildet, in Klaſſen bringen. Sie theilen
ſich gleich Anfangs in zwey Hauptarten: in ſolche, die ihren Grund bloß im Mechanismus des
Körpers haben, wie der kurze Athem nach
ſchnellem Lauf, das Zufallen der Augen bey der
Schläfrigkeit, u. ſ. f. und in ſolche, die mehr
von der Einwirkung der Seele abhangen; die
auf ihre Gedanken, Empfindungen, Abſichten,

als

als auf veranlaſſende oder wirkende Urſachen zurükſchlieſſen laſſen. Die erſtern herzuzählen und zu ſagen, daß der Schlaf die Augen ſchlieſſe, der Kitzel in den Nerven der Naſe ein Nieſen errege, u. ſ. w. würde lächerlich ſeyn. Nur zweyerley Rath kann man hier dem Schau= ſpieler geben. Zuerſt: daß er die Gelegenhei= ten aufſuche, wo er die Natur auch in ſolchen Wirkungen, die ſich nicht immer darbieten, beobachten kann, und zweytens: daß er der Abſicht ſeines Spiels eingedenk ſey, nicht durch zu viel Natur den Anſtand beleidige, oder den Zuſchauer, wie das in gewiſſen Fällen ſicher geſchehen würde, aus der Illuſion reiſſe.

Hätte ſich die Schauſpielerinn, die Leſſing wegen ihrer Vorſtellung der Sara lobt: *), nie an einem Sterbebette befunden; ſo würde viel= leicht ihrem Spiel einer der feinſten, glücklich=

ſten

*) Hamb. Dramat. Th. 1. St. 13.

sten Züge gefehlt haben, den ich lieber mit Lessings, als meinen eigenen Worten beschreibe. — „Es ist eine Bemerkung an Sterben=
„den, daß sie mit den Fingern an ihren Klei=
„dern oder Betten zu rupfen anfangen. Diese
„Bemerkung machte sich die Schauspielerinn
„auf die glücklichste Art zu Nuße: in dem Au=
„genblick, da die Seele von ihr wich, äusser=
„te sich auf einmal, aber nur in den Fingern
„des erstarrten Arms, ein gelinder Spasmus;
„sie kniff den Rock, der um ein Weniges erho=
„ben ward und so gleich wieder sank: das
„lezte Aufflattern eines verlöschenden Lichts,
„der lezte Strahl einer untergehenden Sonne."

In Beziehung auf den leztern Rath nur die Eine Regel, die schon öfter gegeben worden und die auch der ältere Schlegel giebt: *) daß Ohnmacht und Tod nicht so schreklich sol=
„len

*) J. E. Schlegels Werke. Th. 3. S. 174.

„len vorgestellt werden, als sie in der That
„sind; daß man, besonders zur Vorstellung
„des Todes, nur ganz gelinde Bewegungen
„brauchen soll; ein Hauptneigen, welches mehr
„einen schläfrigen Menschen anzuzeigen scheint,
„als einen, der mit dem Tode ringt; eine
„Stimme, welche zwar unterbrochen wird,
„aber nicht röchelt; kurz: daß man sich selbst
„eine Art des Todes schaffen soll, die sich je=
„dermann wünschen mögte und die niemand er=
„hält.“ — Sehen Sie einige der schreklichern
Todeslarven von Schlütern an, und erken=
nen Sie die Richtigkeit dieser Regel! —
Die Betrachtungen, die ein scharfsichtiger
Kunstrichter *) über den Grund derselben
anstellt, überlasse ich Ihnen zum Nachlesen;
sie sind eben so richtig, als sie gut gesagt
                                                    sind

*) Briefe, die neueste Litteratur betreffend. Th.
   5. S. 105. ff.

D

find. Nur das incredulus odi des Horaz *),
das hier nicht, wie es im vier und acht=
zigſten Briefe heißt, einen bloßen Zuſatz
erhält, ſondern in der That als ein un=
richtiger Grund verworfen wird, mögt ich
denn doch etwas anders erklären. Nicht darum
blieb Horaz von allzuſchrecklichen Vorſtel=
lungen ungetäuſcht, weil die Pantomime un=
vermögend war, dieſe Vorſtellungen natür=
lich genug zu machen, ſondern darum, weil
ihn das Gräßliche zu unangenehm erſchütter=
te, als daß er ſich nicht augenblicklich, zu
ſeiner Beruhigung, des Sinnenbetrugs hät=
te erinnern ſollen. Sobald aber dieſe Erin=
nerung eintritt, kann natürlicher Weiſe nichts
anders entſtehen, als entweder der Unwille,

das

*) In der bekannten Stelle de arte poëtica.
v. 185 — 188.
Nec pueros coram populo Medea trucidet,
Aut humana palam coquat extra nefarius Atreus.

— — — — — —

Quaecunque oſtendis mihi ſic, *incredulus odi.*

das odi des Horaz, oder jenes Lachen, das wir oft bey den schreklichsten Scenen eines Trauerspiels von dem gemeinen Manne hören, und das uns Herr Mendelssohn so wohl erklärt hat. *) Ich selbst habe einen Codrus mit Zuckungen sterben sehn, die wahr= lich nicht unnatürlich waren und die gleichwohl das ganze Haus zum Gelächter brachten.

Zuweilen kann der Unwille über einen Schauspieler mit wahrer Besorgnis für ihn verbunden seyn, und auch diese Besorgnis reißt unausbleiblich aus der Illusion; wir sollten nur für die Rolle, und wir fangen an, für ihn zu empfinden. Ich weiß nicht, welcher feind= selige Dämon jezt unsre Schauspieler, beson= ders weiblichen Geschlechts, beherrscht, daß sie eine so große Kunst im Fallen, oder soll ich sagen, im Stürzen? suchen. Man sieht eine

D 2   Ariad=

*) Philosoph. Schriften. Th. 2. S. 20 — 22.

Ariadne, wenn sie von der Göttinn des Felsens ihr trauriges Schiksal erfährt, mit der
ganzen Länge ihres Körpers hinschlagen;
schneller, als ob sie vom Blitze getroffen würde, und mit einer Gewalt, als ob sie sich die
Hirnschale zerschmettern wollte. Wenn bey
einem so unnatürlichen, so widrigen Spiel ein
lauter Beyfall erfolgt; so ist es sicher nur von
den Händen der Unwissenden, die sich in das
wahre Interesse eines Stüks nicht zu versetzen
wissen, die ihr Billet einzig fürs Gaffen bezah-
len, und lieber in eine Gauklerbude gingen,
oder ein Stiergefecht sähen. Der Kenner,
wenn er ja einmal mitklatscht, thut es wahrlich nur aus mitleidiger Freude, daß das arme
Geschöpf, welches immer ein ganz gutes Mädchen seyn kann, wenn es gleich eine schlechte
Schauspielerinn ist, so ohne Schaden davon
gekommen. Halsbrechende Künste gehören
nicht einmal in eine echte Pantomime, weil
doch auch diese eine Handlung vorstellt und

Auf-

Aufmerkſamkeit und Intereſſe auf dieſer Handlung will zuſammengehalten wiſſen; ſie gehören bloß in eine Luftſpringerbude, wo das
ganze Intereſſe auf den wirklichen Menſchen,
auf ſeine körperliche Behendigkeit fällt, und
um ſo mehr wächſt, je mehr man den Wage-
hals in Gefahr ſieht.

Diejenigen Veränderungen, die von der
Einwirkung der Seele herrühren, und bald
mehr bald weniger willführlich erfolgen, ſind
oft nur von ſehr vager, ſehr allgemeiner Bedeutung. Sie entſprechen dann den Abänderungen des Tons in der ruhig recitirten Rede, womit
man weiter nichts, als die Hauptideen der ganzen Reyhe von Vorſtellungen herausheben will,
damit die Aufmerkſamkeit des Hörers eben dahin gerichtet werde, wohin es die des Redenden iſt. Was hier die Aufmerkſamkeit eigentlich beſtimmt, iſt die größere Wichtigkeit des
Gedankens für den erkennenden Geiſt; aber

D 3   unter

unter allen Erweckungsmitteln der Aufmerksamkeit ist eben dieß das langsamste und unsich-
erste. Es wird also durch ein andres, das
schneller und sicherer wirkt, durch einen stärkern sinnlichen Eindruk, unterstüzt; durch neue
Inflexion, Erhebung, Verstärkung der Stimme; durch gewichtigere, langsamere Aussprache
des Worts, das eine vorzüglich merkwürdige
Idee bezeichnet. So klein diese Hülfe scheint;
so ist sie doch, wie die Erfahrung lehrt, äusserst
wirksam, und die Seele, die ihre Vortheile so
wohl versteht, wird bey einem wohlgebau-
ten Organ nie ermangeln sie anzuwenden.
Eine ähnliche Hülfe aber, wie der Ton der
Aufmerksamkeit giebt, giebt ihr auch die
Bewegung; die ausgestrekte Hand, der er-
hobene Finger, der oft seiner ganzen Länge
nach ausgestrekte Arm, (die manus minus
arguta, digitis subsequens verba, non
exprimens, das brachium procerius pro-
jectum, quasi quoddam telum oratio-
nis)

nis) *), ein sanfter Schlag der einen Hand
in die andre; ein vorwärts gethaner Schritt,
ein kleiner Nachdruk mit dem Haupt, u. s.
w.; ohne daß dabey noch eigentlich gemalt
oder ausgedrukt würde.

Die Regel für solche Bewegungen ist die
nehmliche, wie für den Accent: denn so wie
der Schauspieler den leztern nur für die haupt-
sächlichsten Gedanken sparen, nicht alle mit
gleicher Kraft accentuiren, vielmehr durch die
Abänderungen seines Tons sie einander richtig
unterordnen soll; so soll er auch mit seinen Bewegungen nur die wichtigern Stellen unterstützen, soll die auffallendsten Bewegungen,
wie die Erhebung des Fingers, das weiteste
Ausgreifen der Hand, u. s. w. nur für die be-
deutendsten Gedanken sparen. Ein immer
fortgehendes, einförmiges Händespiel, wie

D 4

man

---

*) Cic. de Orat. L. III. c. 59.

man oft an der Jugend bey ihren Redeübun-
gen sieht, ist schon dem Auge, so wie eine
ewige Monotonie dem Ohre, widrig; ein übel-
angebrachtes, übelabgestuftes beleidigt wenigstens den Verstand.

— Ich habe Sie, fürcht ich, durch meine
etwas trivialen Bemerkungen ehe ermüdet als
unterhalten. Um Sie nicht auf einmal abzu-
schrecken, verspare ich das Allgemeine, was
über die Bewegungen von speciellerer, bestimmterer Bedeutung zu sagen ist, bis zu
meinem nächsten Briefe.

Sech-

Sechster Brief.

Ihr Einwurf: daß man bey dem bloßen Händespiel eigentlich nur auf eine gewisse Anständigkeit, Grazie, Schönheit, nicht so sehr darauf Acht habe, ob es gehörig angebracht und vertheilt sey? ist vielleicht eine wahre Bemerkung; aber es ist kein Einwurf. — Schlimm genug, daß wir auf die Bewegungen überhaupt noch bis izt so wenig aufmerksam sind: wir entbehren darüber ein wirkliches Vergnügen, das wir vor dem Schauplatz mehr haben könnten. Ein ungeübtes Ohr läßt unbemerkt auch hundert falsche Accente vorüberschlüpfen: wollen wir sie darum dem Schauspieler erlauben? Wollen wir sagen, daß die ganze Regel vom Setzen des Accents eine unnütze Grille sey? Oder müssen wir nicht zugeben, daß auch bey dem ungeübten, der

rich=

richtig gesezte Accent die ganze gute Wirkung
thut, die der falsche verfehlt? ·

Desto richtiger ist die von Ihnen gemachte
Anmerkung: daß schon in diesem ruhigern Spiel
sich der Charakter der Menschen und Nationen
zeige. — Wenn bey uns ein Weltweiser eine
Frage zur Untersuchung aufwirft, so wird er
die Hand in der Mitte des Körpers ausstrecken;
höchstens den Finger bis in die Gegend der
Lippen erheben: der Talmudist, der Geist
und Art des Orients durch so viele Jahrhun-
derte beybehielt, hebt die ganze ausgebreitete
Hand in die Höhe, und bewegt sie. Auch
wird man bey ihm, während des ganzen Rä-
sonnements, schon weit mehr Malerey und
Ausdruf gewahr. Seine lebhaftere Imagination faßt alle Verstandesideen, so viel möglich,
in Bilder; er macht eben so kühne Metaphern
mit seinem Körper, als mit der Sprache;
auch wohnt sein Herz seinem Verstande weit
näher,

näher, und Interesse des erstern hängt sich weit
schneller und inniger an Interesse des leztern.
Man sieht ihn, wenn ein Zweifel in der Untersuchung entsteht, den Körper sehr merklich nach
einer Seite beugen; wenn er bey der Entwickelung Schluß an Schluß knüpft, fährt er mit
dem Daumen unabläßig hin und her: und ist
die Auflösung da, die etwa bey uns der Unter-
sucher mit einem zufriednen Blick und einer
ruhig ausgestrekten Hand gleichsam hingeben
würde; so erfolgt ein lautes anhaltendes Hän-
deklatschen.

In die hier schon genannten beyden Arten,
in malende und ausdruckende, zerfallen alle
Veränderungen von speciellerer bestimmterer
Bedeutung; alle Gebehrden. Vielleicht sollte
ich den Namen Gebehrden nur für die leztere
Art, für die ausdruckenden sparen; aber der
Redegebrauch scheint mir, im Deutschen, diese
Ausdehnung des Sinnes, eben so gut wie im
Latei-

nifchen anzunehmen. Wenn das eine mal
Cicero das Wort: gestus nur von den äussern
Zeichen des Gemüthszustandes, der affectio-
num animi, erklärt; so redet er das andre
mal wieder von einem gestu scenico, verba
exprimente. Was ich Malerey nenne, ist sei=
ne demonstratio; was ich Ausdruk nenne, ist
ohngefähr seine significatio *). Es giebt frey=
lich noch andere Bewegungen, die man deuten=
de nennen könnte, wo nicht eigentlich die Sa=
che gemalt, sondern nur auf sie hingewiesen;
wo ein äusserliches Verhältnis, wie Ort und
Zeit, oder metonymisch durch dergleichen Ver=
hältnis die Sache selbst bezeichnet wird; allein
der Kürze wegen, wollen wir diese mit zu den
malenden schlagen. — Fragen Sie nicht, wie
auch die Idee der Zeit könne angedeutet wer=
den?

*) Cic. l. c. Omnes autem hos motus subsequi
debet gestus, non hic verba exprimens, sce-
nicus, sed universam rem & sententiam, non
demonstratione, sed significatione declarans.

den? Sie wird es ganz leicht durch das Bild
des Raumes. Die ausgestrekte etwas hinterwärts gebogene Hand deutet, durch das Bild
eines zurükgelegten Raumes, auf eine längst
gewesene Zeit; die vorgestrekte, durch das
Bild eines noch zu durchlaufenden, auf die
Zukunft. —

So wie zu der Malerey, nachdem der Fall
ist, der ganze Körper mit allen seinen Gliedern
dienen kann; so auch zum Ausdruk der innern
Operationen und Empfindungen der Seele.
Der Siß des Gebehrdenspiels ist nicht dieses
und jenes Glied, dieser oder jener Theil des
Körpers insonderheit. Die Seele hat über
alle Muskeln desselben Gewalt, und wirkt, bey
vielen ihrer Bewegungen und Leidenschaften,
in alle. An einem Laokoon, wissen Sie,
spricht jedes Glied, jede Muskel. Aber theils
ist in einigen Gliedern, gegen andre gerechnet,
der Ausdruk zu schwach, als daß er leicht be=
merkt

merkt werden follte; theils find auch viele
zu bedekt, als daß er leicht bemerkt werden
könnte.

Vorzüglich dient das Geficht zu den Ge=
behrden, und hier heiffen die Gebehrden Mi=
nen. Ita, fagt *Latinus Pacatus* *), intimos
mentis adfectus proditor vultus enuntiat, ut
in fpeculo frontium imago exftet animorum.
Die fprechendften Theile find Auge, Augen=
braune, Stirne, Mund, Nafe. Dann aber
dienen auch das ganze Haupt, der Nacken, die
Hände, die Schultern, die Füße, die Verän=
derungen der ganzen Stellung des Körpers,
in fo ferne diefe durch jene Bewegungen nicht
fchon mit beftimmt find, zum Ausdruk. —
Ob die Rangordnung der fprechenden Theile
des Geficht, fo wie ich fie angegeben, richtig
fey? mögen Sie felbft entfcheiden. Le
Brün

*) S. Duodecim Panegyricos veteres. Ed. Cel-
lar. p. 416.

Brün *) ist wider die gemeine Meynung, die
das Auge für den sprechendsten Theil hält:
nach ihm sind die Augenbraunen derjenige
Theil, welcher die Leidenschaften am besten
ausdrukt. Denn, sagt er, der Augapfel giebt
durch sein Feuer und seine Bewegung nur
überhaupt einen leidenschaftlichen Zustand der
Seele zu erkennen, aber nicht, welcher es sey.
Wollen Sies lieber mit ihm, oder mit dem äl-
tern Plinius **) halten, der dem Auge den
Vorzug giebt? Ich denke doch, mit dem
leztern.

Be-

*) S. Conference sur l'expression generale &
particuliere. p. 19. 20.

**) Nat. Histor. L. XI. c. 54. Ed. Hard. T. I. p.
617. Nulla ex parte majora animi indicia
cunctis animalibus: sed homini maxime; id
est, moderationis, clementiae, misericordiae,
odii, amoris, tristitiae, laetitiae. Contuitu
quoque multiformes, truces, torvi, flagrantes,
graves, transversi, limi, summissi, blandi.
Profecto in oculis animus habitat. Ardent,
in-

Bemerken Sie hier noch ein allgemeines Gesetz, nach welchem der Ausdruk erfolgt, und nach welchem Lebhaftigkeit und Grad der Empfindung in gewissen Fällen könnte gemessen werden. Am leichtesten, öftersten, unverkennbarsten spricht die Seele durch diejenigen Glieder, deren Muskeln am beweglichsten sind; also am öftersten durch Minen des Gesichts, und unter den Minen durchs Auge; am seltensten durch veränderte charakteristische Stellung des ganzen Körpers. Jener Ausdruk erfolgt so leicht, so unmittelbar, daß oft auch die ausgelernteste Verstellungskunst ihn nicht zurük-

intenduntur, humectant, connivent. Hinc illa misericordiae lacryma. Hos cum osculamur, animum ipsum videmur attingere. Hinc fletus & rigantes ora rivi. Quis ille humor est, in dolore tam foecundus & paratus? aut ubi reliquo tempore? Animo autem videmus, animo cernimus: oculi, ceu vasa quaedam, visibilem eius partem accipiunt atque transmittunt. cet.

rükhalten kann, wenn sie gleich sonst den gan=
zen übrigen Körper in der Gewalt hat. Be=
sonders muß der Mann, der sein Innerstes
verbergen will, sich in Acht nehmen, daß man
ihm nicht in die Augen blicke; auch muß er
sorgfältig über die Muskeln in der Gegend des
Mundes wachen, die bey gewissen Bewegun=
gen äusserst schwer gehalten werden. —
„Wenn die Menschen, sagt Leibniz *), mehr
„Beobachtungsfleiß auf die äussern Zeichen
„ihrer Leidenschaften wenden wollten; so würd
„es keine leichte Kunst seyn, sich zu verstellen.“
Dennoch hat die Seele noch immer einige Ge=
walt über die Muskeln; über das Blut, sagt
Cartesius *), hat sie keine: und Erröthen
und Erblassen läßt sich daher wenig oder fast
gar nicht hindern.

Wenn

*) Nouveaux Essais sur l'entendement humain.
    p. 127.

**) Passiones animae. art. 114.

E

Wenn das Gesicht, und besonders das
Auge, diesen unläugbaren Vortheil im Aus=
druk des Innern der Seele hat: wie Schade,
daß sich die Veränderungen desselben so schwer
beschreiben lassen! Den Grund dieser Schwie=
rigkeit hat schon der ebengenannte französische
Weltweise angegeben, der sich damit, als einer
Entschuldigung, von der ganzen Materie weg=
schleicht. *) — „Es ist keine Leidenschaft, sagt
„er, die nicht durch eine besondere Bewegung
„der Augen angedeutet würde. Oft sind diese
„Bewegungen so auffallend, daß auch die
„dümmsten Knechte aus den Augen ihres
„Herrn seinen Zorn oder seine gute Laune
„schliessen. Allein ob wir gleich diese Bewe=
„gung der Augen leicht gewahr werden und
„sehr wohl ihre Bedeutung wissen; so ist es
„doch nicht leicht, sie zu beschreiben. Jede
„ist aus mannichfaltigen Veränderungen der
„Figur

*) Ebendas. art. 113.

„Figur und der Bewegung zusammengesezt,
„die so fein und so schwach sind, daß sich keine
„derselben besonders wahrnehmen läßt, ob=
„gleich das, was aus ihrer aller Verbindung
„entspringt, sehr leicht beobachtet wird. Ohn=
„gefähr das Nehmliche gilt von den übrigen
„ausdruckenden Bewegungen des Gesichts;
„denn ungeachtet sie weniger fein sind, als die
„der Augen, so hat doch auch ihre Unterschei=
„dung viel Schwierigkeiten. Auch variiren
„sie oft so sehr und fliessen so sehr in einander,
„daß es Menschen giebt, die beym Weinen
„eben so ein Gesicht machen, wie andre beym
„Lachen. Einige dieser Bewegungen zwar
„sind ausgezeichnet genug, wie z. B. die Run=
„zeln im Zorn, oder gewisse Bewegungen der
„Nase und der Lippen beym Unwillen und
„Hohn; aber diese scheinen nicht so wohl na=
„türlich, als willführlich zu seyn.‘‘ — Das
Wenige, was Cartesius noch hinzusezt, lasse
ich aus; denn es streitet gegen die obige

E 2

Leib=

Leibnizische Stelle, die ich für richtiger
halte.

Doch wozu, werden Sie sagen, für unsern jetzigen Gebrauch, die pünktliche Berech-
nung aller integranten Theile einer Gebehrde,
wenn man nur für die Erscheinungen im Ganzen Namen hat, die ein jeder versteht? Freylich wär Alles gut, wenn wir die hätten; aber
auch in dieser Rüksicht ist die Sprache so dürf-
tig, so unvollkommen! Die Ausdrücke, die wir
noch haben, bezeichnen nur sehr allgemeine
Klassen für die äusserste Nothdurft; die Unter-
arten, die Abarten, erwarten noch erst von irgend einem sprachschöpferischen Beobachter
ihre Benennungen. Für einige Nüancen
zwar hätte der niedersächsische Dialekt sehr ma-
lerische, trefliche Wörter; aber einmal ist nun
leyder! die hochdeutsche Sprache im Besitze der
Litteratur, und jene Wörter mögte dieser herrschende Dialekt nicht gerne aufnehmen wollen.

Doch

Doch am Ende freylich, wenns nur der Mühe,
ihm den Eigenſinn zu brechen, erſt mehr ver=
lohnte, würd er ſchon müſſen.

Laſſen Sie uns indeſſen die Hofnung nicht
völlig aufgeben, daß ein Mann von Genie,
wenn erſt zeichnende Künſtler mehr werden
vorgearbeitet und das in der Natur ſo Flüchti=
ge, ſo Vorübergehende der Minen und Be=
wegungen, ſo viel ſich das thun läßt, für die
Betrachtung mehr werden ſirirt haben; daß,
ſag ich, dann ein Mann von Genie, oder
ihrer mehrere, ihrer viele hinter einander, dem
Mangel der Sprache, wenn auch nur einiger=
maßen, abhelfen werden. — „Wenn man be=
„denkt, heißt es bey Sulzern *), daß man=
„cher Liebhaber der Naturgeſchichte, vermit=
„telſt der Beobachtung, der Zeichnungen und
„der Beſchreibungen, die Geſtalt und die Bil=

E 3   „dung

---

*) Allg. Theorie der Sch. Künſte Artik. Gebehrde.

„dung vieler tauſend Pflanzen und Inſekten
„ſo genau in die Einbildungskraft gefaßt hat,
„daß er die kleinſten Abänderungen richtig be=
„merkt; ſo läßt ſich auch gewiß vermuthen,
„daß eine mit eben ſo viel Fleiß gemachte und
„in Klaſſen gebrachte Sammlung von Ge=
„ſichtsbildungen und Gebehrden, und alſo ein
„daher entſtehender eigener Theil der Kunſt, ei=
„ne ganz mögliche Sache ſey. Warum ſoll=
„te eine Sammlung redender Gebehrden we=
„niger möglich und weniger nüzlich ſeyn, als
„eine Sammlung von abgezeichneten Mu=
„ſcheln, Pflanzen und Inſekten? Und warum
„ſollte man, wenn dieſes Studium einmal mit
„Ernſt getrieben würde, die dazu gehörige
„Kunſtſprache und Terminologie nicht eben ſo
„gut finden können, als ſie für die Naturge=
„ſchichte gefunden worden?‟

Den einzigen Punkt von der Nüzlichkeit
ausgenommen, die wohl niemand, als etwa

ein

ein Conchyliensammler, beſtreiten mögte: was
dünkt Ihnen zu dieſer Stelle? — Gewiß ver=
muthen kann ich meines Theils nichts, ſo wenig als Liskovs *) Ananias leiſe ſchreyen
konnte: und dieß hier, aus ſo einem Grunde,
gewiß vermuthen; das kann ich nun gar nicht.
Es wäre über den ſo unähnlich ähnlichen Fall,
auf den doch Sulzer ſein ganzes Argument
baut, ſo viel zu ſagen, daß ich lieber gar nicht
anfangen mag. Sie warfen mir ohnehin ſchon
einmal vor, daß ich den ſonſt würdigen, bra=
ven Mann faſt nicht nennen könnte, ohne mit
ihm zu ſtreiten; aber iſt denn das meine
Schuld, oder ſeine? —

*) S. ſeinen Kommentar über die Geſchichte der
Zerſtöhrung Jeruſalems.

Sie=

Siebenter Brief.

Von so wenig Bedeutung auch der Fund ist, den Sie an Löwens Schrift *) für mich glauben gemacht zu haben; so sehr ermuntert mich doch die Mine von Interesse, womit Sie mir ihn ankündigen. Hätten Sie den Aufsatz gelesen, nicht bloß angeführt gefunden; so, weiß ich, würde diese Mine um ein Vieles ruhiger und kälter geworden seyn. Denn in der That schwazt der Mann über unsre Materie eben so allgemeine, nichtssagende Dinge hin, wie die Franzosen, die vor ihm waren; nur in einem weitschweifigern, mattern Style, versteht sich. — Aber an Eins hat er mich denn doch erinnert, das ich ohne ihn hätte vergessen können.

Es

*) Kurzgefaßte Grundsätze von der Beredsamkeit des Leibes. Hamburg, 1755.

Es ist folgender Punkt. Wenn die Ge=
behrde ein äussers, an unserm Körper hervor=
gebrachtes, sichtbares Zeichen von den innern
Veränderungen unsrer Seele ist; so folgt, daß
sie sich aus einem zwiefachen Gesichtspunkte
müsse betrachten lassen: zuerst, als eine sicht=
bare Veränderung an sich selbst, und dann, als
Mittel zur Bezeichnung der innern Operatio=
nen der Seele. Aus diesem zwiefachen Ge=
sichtspunkte ergiebt sich nun eine zwiefache
Frage. In Ansehung des ersten fragt die
Kunst: was ist schön? in Ansehung des zwey=
ten: was ist wahr? oder, da keine dieser Ei=
genschaften darf vernachlässiget werden; so ver=
einigt sie lieber beydes und fragt: was ist zu=
gleich am schönsten und am wahrsten?

Sehen Sie alle etwas speciellern Regeln
durch, die man dem Redner, selbst dem Schau=
spieler, für die Aktion gegeben hat: und Sie
werden finden, daß man sich, zu großem Nach=

E 5   theil

theil der Kunst, viel zu viel, ja fast einzig an
die erste Frage gehalten. Auch die meisten
durch Tradition sich fortpflanzenden Regeln der
Schauspieler, wenn sie nicht die Bequemlich=
keit gehört und gesehen zu werden betreffen,
gehen auf nichts, als auf Grazie, Würde,
Schönheit, Anstand. Daher das bloß Zier-
liche, das Seelen= und Bedeutungslose, das
wir noch immer im Spiel so mancher; das
Abgemessene, Kostbare, Puppenmäßige, das
wir im Spiel einiger alten Schauspieler fin=
den: denn in neuern Zeiten hat ein anderer
Geschmack in der Wahl der Stücke eine ande=
re Art zu spielen mitgebracht, deren erstes
Beyspiel und Muster, wenn ich nicht irre,
Eckhoff war. Sein tragisches Spiel war
eben so leicht, so natürlich weg, wie sein komi=
sches; er wußte nichts von feyerlich abgemesse=
nen Schritten, vom Tragen des Körpers nach
Tanzmeistermanier, vom kunstmäßigen Erhe=
ben und Sinkenlassen des Arms: Wahrheit
war

war bey ihm, wie sie soll, das erste; Schön=
heit das untergeordnete Gesetz: er deklamirte
und spielte die Rollen, wie sie auch hätten dia=
logirt seyn sollen; nicht nach einem festgesez=
ten allgemeinen Begrif der Gattung, sondern
nach der besondern Beschaffenheit ihres In=
halts, ohne sich je von Wahrheit und Natur
zu entfernen. Das ging nun freylich bey
Stücken an, die der Dichter in ähnlichem
Geiste geschrieben hatte, und einen Odoar=
do z. B. stellte er meisterhaft vor; im franzö=
sischen Trauerspiel hingegen, zu dessen ganzem
falschen System nothwendig auch französisches
Spiel gehört, war er zuweilen sehr unglüklich.
So einen Corneillischen Helden von einem
Ekhoff zu sehn, der dem pomphaften epischen
Dialog seine prosaische Deklamation, den auf=
geblähten, strotzenden Charakteren seine sim=
peln ungezwungenen Bewegungen gab, war
in der That etwas komisch.

Doch

Doch zurük zu den übeln Folgen, die es für den Schauspieler haben muß, wenn man ihn allzusehr zu bloß schönen graziösen Bewegungen anweist. Da Sie die Löwensche Schrift noch nicht gesehen haben; so will ichs mir bequem machen und folgende ganz richtige Stelle daraus hersetzen. — „Riccoboni, „sagt Löwe, hat in seiner Schauspielkunst ei= „nige Regeln vorgeschlagen, die den Akteur „pedantisch machen. Es ist mein Vorhaben „hier nicht, seine beschwerlichen Regeln alle „anzuführen und zu widerlegen. Ich will jezt „nur bey der Bewegung der Hände bleiben, „von der er so schreibt: *) ,Wenn man einen ,Arm erheben will, so muß der obere Theil ,desselben, der Theil nehmlich von dem Ellbo= ,gen an bis zur Schulter, sich zuerst von dem ,Körper loßmachen, und die andern beyden

,Theile,

*) S. Beyträge zur Historie und Aufnahme des Theaters. Viertes Stük.

‚Theile, welche nur nach und nach und ohne
‚Uebereilung in stärkere Bewegung müssen ge-
‚bracht werden, mit sich in die Höhe zie-
‚hen. Die Hand muß ganz zulezt gebracht
‚werden. Sie muß gegen den Boden zu-
‚zugekehrt seyn, bis sie der Vordertheil des
‚Arms zur Höhe des Ellbogens gebracht hat:
‚alsdann wendet sie sich in die Höhe, da un-
‚terdessen der Arm seine Bewegung bis zu
‚dem bestimmten Punkte immer fortsezt. —
„Erblikt man hier nicht eine große Vermi-
„schung von Pedanterey? Und ist diese Regel
„nicht geschikter, lebendige Marionetten, als
„Redner und Schauspieler zu bilden, die zu-
„gleich mit den Händen reden sollen?" —
Freylich wohl, lieber Löwe! Aber warum rathen denn auch Sie dem Akteur, sich Ho-
garths Zergliederung des Begriffs der Schönheit anzuschaffen? ein Buch, das ihm nichts
nüzt, und das ihn leicht eben so mißbilden
könnte, wie Riccoboni's? —

Um

Um die bis izt so vernachläßigte Wahrheit
an der Schönheit ein wenig zu rächen, will ich
von der leztern ganz und gar nicht, lieber allein
von der erstern reden. Zwar, was ich auch
da sagen werde, wird wenig und unbedeutend
genug seyn. Indessen, für Fächer, worinn
Sie die Schätze ihrer eigenen Beobachtungen
ordnen und aufstellen können, sorgen Sie nicht:
Ihnen die zusammenzubauen, bin ich Ihr
Mann; und möglich wärs, daß ich Sie eben
dadurch zu einem recht aufmerksamen, fleißigen Sammler machte. Es giebt, deucht mir,
so eine gewisse fuga vacui in unsrer Natur;
wir sehen nicht leicht einen wüsten Saal, daß
wir ihn nicht möblirt, oder einen leeren
Schrank, daß wir ihn nicht angefüllt wünsch-
ten.

Ach-

Achter Brief.

Was Malerey und was Ausdruk sey? das
glaub' ich schon an einem andern Orte *) hinlänglich erklärt, und eine scharfe richtige Grenz-
linie zwischen diesen Begriffen gezogen zu haben. — Malerey ist mir auch hier wieder jede sinnliche Darstellung der Sache selbst, welche die Seele denkt; Ausdruk jede sinnliche
Darstellung der Fassung, der Gesinnung, womit sie sie denkt; des ganzen Zustandes, worinn
sie durch ihr Denken versezt wird. Jene, die
Malerey, ist auch hier wieder vollständig oder
unvollständig. Vollständig lassen sich nur
Figur, Stellung, Bewegungen eines dem
unsrigen ähnlichen Körpers malen; alles übrige Mimischmalbare läßt nur unvollständige
Dar-

*) In der Abhandl. über die musikalische Ma-
lerey.

Darstellung nach einzelnen, nach allgemeinge=
machten Beschaffenheiten zu. Von einem
Berge z. B. wird etwa nur die Höhe durch Er=
hebung der Hand und des Körpers, durch Zu=
rüklegung des Hauptes und emporgerichteten
Blik; etwa nur der weite Umfang durch einen
mit ausgebreiteten Armen beschriebenen Halb=
kreis angedeutet. Wie schwach und wie un=
vollkommen eine solche Darstellung sey, und
wie wenig sie der Hülfe der Worte entbehren
könne, wenn sie nicht etwa durch den Zusam=
menhang des Ganzen schon mit erklärt wird,
sehen Sie selbst. Der nachzuahmende Berg
und der nachahmende menschliche Körper sind
einander zu unähnlich; es sind nur sehr ent=
fernte, sehr abstrakte Merkmale, worinn sie
zusammentreffen. Die Bewegungen der Thie=
re, als z. B. eines stolzen sich brüstenden Ros=
ses, sind schon nachahmbarer, wie uns das die
Knaben in ihren Spielen zeigen; aber am al=
lernahahmbarsten sind die Gestalten und Ver=
ände=

änderungen menschlicher Körper. Das ganze
Spiel der *Minna*, wenn sie den forteilenden
Major verfolgt, ihn halten will, aber nicht
halten kann, und endlich, nach mehrern Aus=
drücken ihrer schmerzvollen Verwirrung, in ihr
Zimmer zurüktritt; dieses ganze Spiel kann
der Wirth, bey der Wiedererzehlung im dritten
Aufzuge, nachahmen, und schwerlich wird er
ermangeln, es Zug vor Zug, wenn auch nicht
wieder darzustellen, doch anzudeuten. Er
wird selbst mit den Händen ausgreifen, als ob
er etwas zu halten hätte; selbst in die Höhe
sehen, die Augen troknen, den Körper, wie
vor Verlegenheit, hin und her wenden, und
wohl gar eine mehr weibliche Stimme anneh=
men. Die Nachahmung in dieser Scene ist
zu natürlich, als daß nicht gleich jeder Schau=
spieler darauf verfallen sollte.

Aber warum ist sie hier so natürlich? Et=
wa, weil der Wirth dem Kammermädchen

F   eine

eine recht lebhafte anschauliche Idee von einem
Vorfall geben will, wozu er, bey seiner gewöhnlichen Neugier, so gerne, so gerne den
Schlüssel hätte? Oder weil, während der Erzehlung, seine eigne Idee einen so hohen Grad
der Lebhaftigkeit erhält, daß er sich unmöglich
erwehren kann, sie in Minen und Bewegungen nachzubilden? — Welche von beyden Ursachen Sie dem Wirthe geben mögen; so sind,
an und vor sich, beyde richtig; bey der einen
Malerey gilt die eine, bey der andern die andre, und insgemein finden sich beyde vereinigt.
Denn während des Bestrebens, die Idee einer
Sache bey einem andern lebhafter zu machen,
erhält sie natürlicher Weise eine größere Lebhaftigkeit bey uns selbst.

Wenn ein Erzieher seinen jungen Tele-
mach über eine unanständige Stellung, über
eine unschikliche Handlung beschämen will; so
macht er sie ihm gerne mit ein wenig Karrikatur
wie-

wieder vor: wenn die Französinn ihr gnädiges
Fräulein zu einer Grazie in Minen und Bewegungen bilden will; so zeigt sie ihr das nach-
ahmungswürdige Muster dieser Grazie an sich
selbst: und wenn ein Verklagter sich vor dem
Richter rechtfertigen soll, warum er zuerst bey
einem Zanke ausschlug? so ahmt er, während
der Erzehlung des Vorfalls, alle die beleidi-
genden Minen und Stellungen vergrößert,
nach, auf die ein Mann von Ehre, wie er,
doch unmöglich anders, als mit einer Ohrfeige,
antworten konnte. — In diesen Fällen sehen
Sie beyde Ursachen malender Gebehrden vereinigt: die Vorstellung der begangenen Unart
wird bey dem Lehrer; die der Schönheit des
anständigen Betragens bey der Französinn;
die der Größe der empfangenen Beleidigung
bey dem Verklagten, während des Hofmei-
sters oder Erzehlens, zu mächtig, als daß sie
sich nicht in Minen und Bewegungen, aber
mit Ausdruk vermischt, ausser der Seele her-

vor-

vordrängen sollte. Vornehmlich aber fordern
die Absichten der Beschämung, der Bildung,
der Rechtfertigung dieses nachahmende Spiel;
sie sind nur durch lebhafte Vorstellung der ge=
dachten Gegenstände zu bewirken, und sichtba=
re Darstellung sichtbarer Phänomene ist frey=
lich das kräftigste Mittel zur Versinnlichung
ihrer Erkenntnis. Eben von ihnen gilt der
bekannte Ausspruch:

Segnius irritant animos demiſſa per aurem,
Quam quae ſunt oculis ſubjeſta fidelibus,
                & quae
Ipſe ſibi tradit ſpeſtator. *) — —

Daß aber auch ohne Absicht, bloß durch
die eigene lebhafte Vorstellung deſſen, der ei=
nen gewiſſen Gegenstand denkt, die Nachah=
mung deſſelben hervorkomme, lehrt die Erfah=
rung. „Eine volle anschauliche Vorstellung
„einer Handlung“, sagt Herr Tetens in einer
                                   sei=

*) *Horat.* l. c. v. 180 — 182.

seiner vortreflichen Untersuchungen *), „ist eine
„Anwandlung zu dieser Handlung. Wenn
„wir uns Worte vorstellen, so sprechen wir
„innerlich, und wenn diese innre Sprache
„lebhafter wird, so sieht man uns Bewegun-
„gen mit dem Munde machen.‟ Das geht
dann weiter, bis wir wirklich laute Töne hervorbringen, als ob wir unsre Ideen mittheilen
wollten, da wir doch oft ganz allein sind. —
Sie können den Ausspruch des Philosophen
noch allgemeiner machen und sagen: jede volle
anschauliche Vorstellung einer Sache, einer
Begebenheit, die auch nicht menschliche Handlung ist, führt einen Trieb, eine Anreizung
mit sich, sie nachzuahmen. Home **) hat
dieses bereits, in Ansehung des Großen und
Erhabnen, bemerkt. „Ein großer Gegenstand,

F 3 „sagt

*) S. Philosophische Versuche über die mensch-
liche Natur und ihre Entwickelung. Band 1.
S. 643 vergl. S. 664 ff.

**) Am angef. Ort S. 280.

„sagt er, treibt die Brust auf, und macht,
„daß der Zuschauer seine Gestalt zu erweitern
„sucht. Man bemerkt dieß sonderlich bey
„Personen, die den feinen Wohlstand nicht
„achten, und der Natur ihre Freyheit lassen.
„Wenn dergleichen Leute große Gegenstände
„beschreiben; so blasen sie durch einen natürli=
„chen Trieb sich selbst auf, indem sie mit allen
„ihren Kräften Luft in sich ziehen. Ein hoher
„Gegenstand wirkt einen andern Ausdruk des
„Gefühls. Er treibt den Zuschauer, sich in die
„Höhe zu richten und auf den Zähen zu stehen.‟

Indessen, da dem Menschen nichts so in=
teressant ist, als der Mensch, und da er nichts
so vollkommen darzustellen vermag, als mensch=
liche Beschaffenheiten und Veränderungen;
so sind es denn freylich auch diese, deren an=
schauliche Vorstellung ihn am öftersten und
stärksten zur Nachahmung reizt. — Wenn
der Mann, der ein Schauspiel öfter sah, und
über=

überhaupt des Vergnügens, das Theater zu
besuchen, schon zu gewohnt ist, um nicht kälter
dagegen zu werden; wenn so ein Mann unter
den Zuschauern einen Neuling antrift, der sich
mit seiner ganzen Seele in die Vorstellung ei=
nes Stüks vertieft hat: so giebt ihm das auf
dem Parterre oft ein weit unterhaltenders
Schauspiel, als ihm jenes auf der Bühne
wäre. Alle Minen der Akteurs, sogar man=
che ihrer Bewegungen, ahmt der so ganz illu=
dirte Zuschauer, wenn gleich schwächer, nach:
ohne daß er noch weiß, was gesagt werden
wird, wird er ernsthaft mit dem Ernsthaf=
ten, fröhlich mit dem Fröhlichen: sein ganzes
Gesicht wird zum Spiegel, der alle die abwech=
selnden Gebehrden der auftretenden Personen,
Verdruß, Spott, Neugier, Zorn, Verach=
tung getreu zurükwirft. Nur dann, wenn sei=
ne eigenen Empfindungen die von auſſen kom=
menden Eindrücke durchkreuzen und Ausdruk
fordern, wird diese nachahmende Malerey un=

F 4

ter=

terbrochen. — Bemerkungen dieſer Art über=
zeugen uns, daß Ariſtoteles vollkommen
Recht hatte, den Menſchen noch über den Af=
fen zu ſetzen und ihm die meiſte Geſchiklichkeit
zum Nachahmen einzuräumen. *)

Für den Schauſpieler, beſonders den ko=
miſchen, iſt dieſe Bemerkung über das An=
ſteckende eines fremden Gebehrdenſpiels wich=
tig; ſie kann zuweilen ſeinem Zwiſchenſpiel
viele Lebhaftigkeit geben. Die Bedingungen,
unter welchen er ſich in dieſe Nachahmung der
Gebehrden des andern einlaſſen darf, ſind nur
die: daß die Beachtung ſeines Mitſpielers für
ihn in hohem Grade intereſſant ſeyn und daß
ſich keine eigne, der Nachahmung widerſpre=
chende Empfindung, während der Beachtung,
bey

*) De Poët. c. IV. Το μιμειϑαι συμφυ-
τον τοις ανϑρωποις εκ παιδων εϛι . Κα{ι}
τητω διαφερϰτι των αλλων ζωων, ὁτι μι-
μητικοτατον εϛι.

bey ihm einschleichen muß. Wenn er Verdruß zu empfinden anfängt, indem der Andere
lächelt, so kann er freylich nicht mit ihm lächeln. — Doch in wie fern überhaupt Malerey
im Gebehrdenspiel erlaubt oder unerlaubt sey?
das läßt sich hier noch nicht ausführen: dazu
müssen wir erst eine nähere Kenntnis vom
Ausdrucke haben. —

Eine sehr interessante Betrachtung, die sich
hier noch machen läßt, will ich nur andeuten:
sie betrift das viele Figürliche, besonders Me-
taphorische, das sich in der Gebehrden-, wie in
der Wörtersprache findet, es mag dadurch gemalt oder ausgedruft werden. Alle unvollständige Malerey, besonders unsichtbarer Gegenstände und innrer geistiger Ideen, muß bild-
lich geschehen, und geschieht so. Man denkt
eine erhabne Seele und erhebt seine Gestalt,
seinen Blik: man denkt einen eigensinnigen
Charakter, und nimmt einen festen Stand an,

ballt

ballt die Faust, steift den Rücken. Die Nach=
ahmung geschieht durch feine, transcendentelle
Aehnlichkeiten, wodurch man auch in der
Wörtersprache für nicht hörbare, für völlig un=
sinnliche Gegenstände, ihre Benennungen
fand. — Ich könnte die Beyspiele von figür=
lichen Gebehrden bis ins Unendliche häufen.
Wollen Sie eine Metonymie, die Wirkung
statt Ursache sezt? Der Bediente, wenn er von
dem unangenehmen Lohn spricht, womit sein
Herr ihm seine Bubenstücke vergelten könnte,
reibt mit verwandter Hand den Rücken, als
ob er die Schläge schon schmerzen fühlte. Oder
wollen Sie eine Metonymie, die statt der
Sache ein äussers Verhältnis angiebt? Die
Sprache nennt, statt Gottes oder der Götter,
ihren geglaubten Wohnsiß, den Himmel: eben
so ruft eine aufgehobene Hand, ein gen Him=
mel gerichtetes Auge, die Götter zu Zeugen
der Unschuld an, erfleht ihren Schuß, be=
schwört sie um Rache. Oder wollen Sie eine
Synec=

Synecdoche? Man deutet auf ein einzelnes gegenwärtiges Mitglied einer Familie, und zeigt die ganze Familie an; auf einen einzigen gegenwärtigen Feind, und meynt das ganze feindliche Heer. Oder wollen Sie eine Ironie? Das junge Frauenzimmer, das einem Liebhaber, den es verachtet, den Korb giebt, verneigt sich tief, aber höhnisch. — Auch Anspielungen werden Sie in der Gebehrdensprache die Menge finden. Ein Händewaschen dient zur Betheurung der Unschuld; ein paar mit verwandter Hand vor die Stirne gepflanzte, aus einander gespreizte Finger bezeichnen die Hahnreyschaft; ein Hauchen über die leere flache Hand hin bezeichnet die Idee von Nichts. Doch Anspielungen, da sie sich auf besondere Anekdoten, Meynungen, Redensarten beziehen, liegen, nach den oben festgesezten Grenzen, ausser dem Gebiete der Mimik: figürliche Gebehrden hingegen, die, wenn sie gut sind, ihren Grund in den Begriffen selbst haben

und

und allgemein verſtändlich ſeyn müſſen, können
und dürfen in der Mimik nicht übergangen
werden.

Der Italiener, der überhaupt viel mit Gebehrden, und ſehr bedeutend, ſehr lebhaft
ſpricht, hat unter andern eine ſehr redende
Pantomime, womit er vor einem falſchen, hin-
terhältiſchen Menſchen warnet. (Fig. 1.) Das
Auge ſchielt dieſen Menſchen ſeitwärts äuſſerſt
mißtrauiſch an; der Zeigefinger der einen Hand
deutet unterwärts wie verſtohlen auf ihn hin;
der Körper nimmt gegen den, den er warnt,
eine kleine Wendung, und der Zeigefinger der
andern Hand zieht die Wange an dieſer Seite
nieder, ſo daß das Auge hier größer wird, als
das andre, welches ohnedem der Ausdruk des
Mißtrauens noch ein wenig verengt. Auf
dieſe Art entſteht ein doppeltes Profil; ein
Geſicht, deſſen eine Hälfte mit der andern
nichts Aehnliches hat. Anfangs wollte ich
                                        Ihnen

Ihnen diese ganze Gebehrde als eine figürliche,
mit Ausdruk des Mißtrauens verbundne, Malerey des falschen Charakters erklären: aber
nun scheint es mir wieder, als ob das so ver-
zerrte, sich selbst so unähnlich gemachte Gesicht
nicht eben Bild des Charakters seyn mögte.
Die eine gegen den Verdächtigen hingekehrte
Seite hat ganz und gar den Ausdruk des Mißtrauens; das Herunterziehen der Wange an
der andern scheint nur zur weitern Defnung des
Auges zu dienen, und diese Defnung vorzüglich die nöthige Aufmerksamkeit zu bezeichnen.
Es ist sonderbar, daß diese Gebehrde so sehr
leicht zu verstehen und ihre Erklärung doch
schwer ist.

Noch eine andre gleich sprechende Gebehrde macht der Italiener, wenn er Verachtung
einer Drohung oder Warnung ausdrukt. (Fig.
2.) Er fährt sich mit der äussern Seite der
Hand ein paarmal ganz leicht unter dem Kinn-
backen

backen weg, und beugt dabey das Haupt, spöt=
tisch aber nur leise und in sich hinein lachend,
ein wenig über. Jedermann versteht diesen
Ausdruk; aber zu erklären mögt er noch schwe=
rer, als jener warnende, seyn. Will vielleicht
der Italiener mit diesem Spiel das Nehmliche
sagen, was der Niederdeutsche mit der Redens=
art sagt: daß ihn etwas nicht rage? Soll es
heissen, daß die Sache ihn eben so wenig rüh=
re, als etwa ein Stäubchen, das sich in seinen
Bart kann gehängt haben? Ich gestehe gerne,
daß ichs nicht weiß, und ich werde Ihnen dieses
Geständnis noch öfter, auch bey ganz einfachen,
unter allen Nationen gebräuchlichen, Aus=
drücken wiederholen müssen. Die Natur läßt
uns immer, je tiefer wir in sie hineinsehn, um
so mehr Geheimnis erblicken: die körperliche
finden wir feiner, als unser Auge; die geistige
feiner, als unsern Scharfsinn.

Neun=

Neunter Brief.

Freylich haben Sie Recht, daß eine Mimik,
von einem denkenden Manne in Italien ge=
schrieben, ein sehr vorzügliches Werk werden
könnte. Auf Beobachtungen kommt in der
Theorie dieser, wie aller Künste, das Meiste
an: und die Güte der Beobachtungen hängt
nie allein von einem hellsehenden Auge; sie
hängt gleich sehr von der Wahrheit, Kraft,
Mannichfaltigkeit der Objekte ab, die sich so
einem Auge darbieten. — Ihr zweyter Ge=
danke: daß nehmlich der deutsche Schauspieler
von dem Italiener würde borgen dürfen,
wenn er nur mit Auswahl und Bescheidenheit
borgte, scheint mir nicht minder richtig. Es
würden sich Ausdrücke finden, die zwar frey=
lich nur in jenen mittäglichern Gegenden, wo
das Blut so viel heisser ist, durch größern

Drang

Drang der Leidenschaft konnten hervorgetrie=
ben werden; die aber auch wir, ihrer großen
Wahrheit wegen, sogleich verstehen, und,
wenn sie der Schauspieler nur ein wenig mil=
derte, ihnen den auswärtigen Ursprung eben
nicht ansehen würden. Es würde, glaub ich,
mit den Gebehrden jenes lebhaftern Volks eben
wie mit gewissen großen und simpeln Ideen
des Genies seyn: der sie ursprünglich denken
konnte, war nur ein einziger Kopf; aber faf=
fen, wenn sie einmal da sind, können sie alle.

Ich gehe von den malenden Gebehrden,
über die ich hier nichts Wichtiges mehr sagen
könnte, zu den ausdruckenden über. Es sind
ihrer so viele und mannichfaltige, daß ich Lust
hätte, zu ihrer bessern Uebersicht sie in Klassen
zu bringen. Einige dieser Gebehrden sind ab=
sichtlich; es sind freywillige äussere Handlun=
gen, aus welchen die Bewegungen, Triebe und
Leidenschaften der Seele, zu deren Befriedi=
gung

gung sie als Mittel dienen, erſichtlich ſind.
Dahin gehören z. B. das Hinneigen gegen den
zu beachtenden Gegenſtand, der feſte angreifende
Stand des Zorns, die ausgeſtrekten Arme der
Liebe, die vorgeſchlagenen Hände der Furcht
und des Schreckens. — Andere Gebehrden
ſind nachahmend; nicht das Objekt des Denkens, aber die Faſſung, die Wirkungen, die
Veränderungen der Seele malend, und dieſe
mögen den Namen der analogen führen. Theils
haben dieſe analogen Gebehrden ihren Grund
in dem Triebe der Seele, unſinnliche Ideen
auf ſinnliche zurükzuführen, und alſo auch ihre
eigenen unſinnlichen Wirkungen, ſobald ſie
lebhafter werden, durch ähnliche ſinnliche figürlich nachzubilden; wie, wenn man eine Idee,
der man ſeinen Beyfall verſagt, mit verwandter Hand gleichſam wegweiſt, zurükſchiebt:
theils haben ſie ihren Grund in dem natürlichen Einfluß der Ideen auf einander, in der
Communication, wenn ich ſo ſagen darf, zwi-

G   ſchen

den beyden Regionen der klaren und der dunkeln Ideen, die einander wechselseitig zu lenken
und zu modificiren pflegen. So, z. B. ftimmt
die Ideenfolge den Gang, daß er bald träger
bald rafcher, bald fefter bald fchleichender, bald
gleichförmiger bald ungleichförmiger wird. Der
Gang erfolgt nach dunkeln Ideen, die den Willen
ftillfchweigend lenken, und die das Gefeß ihrer
Folge von den jezt herrfchenden klaren nehmen:
jene leiden durch den Einfluß von diefen; diefe
durch den Einfluß von jenen. Daher hat jede eigenthümliche Sinnesart, jede innre Bewegung
und Leidenfchaft ihren unterfcheidenden Gang,
und es läßt fich von allen Charakteren im Allgemeinen fagen, was die Gemahlin des Her-
kules von Lykus fagt:

Qualis animo eft, talis inceffu. *) —

Noch andere Gebehrden find unwillführliche
Erfcheinungen, die zwar freylich phyfifche Wir-
kun-

*) Senec. Trag. Herc. fur. Act. II. fc. 2.

kungen der innern Gemüthsbewegungen sind,
die wir aber in der That nur als Zeichen be-
greifen; als Zeichen, welche die Natur durch
Geheimnisvolle Bande mit den innern Leidenschaften verknüpft hat; damit, sagt Haller,
im gemeinen Leben ein Mensch den andern
nicht leicht betrügen könne. *) Noch hat uns
niemand auf eine befriedigende Art, erklärt,
warum traurige Ideen auf die Thränendrü-
sen, lächerliche auf das Zwerchfell wirken; warum die Angst unsre Wangen entfärbt, die
Scham sie röthet? Alle diese Gebehrden will
ich unter dem gemeinschaftlichen Namen der
physiologischen zusammenfassen.

Sehen Sie mir ja die ganze Eintheilung,
die ich hier mache, nicht für eigentliche logische
G 2   Ein-

*) Kleine Physiologie. S. 310. Es giebt ohne
Zweifel noch andre Endursachen des Schöpfers,
wie z. B. die Erweckung der Sympathie und
der

Eintheilung an; sie soll nichts als bloße Klassifikation eines Beobachters seyn, der vorläufig die Fakta, aus deren weitern Untersuchung und Vergleichung die wahre Eintheilung vielleicht erst zu finden ist, nur einigermaßen ordnen mögte. Ich hoffe, durch diese Erklärung allen den unnützen Händeln vorzubeugen, in die ich sonst mit den Physiologen gerathen könnte. Ich habe hier die Absicht, zu bauen, und wer das will, muß nicht Krieg führen: mein Interesse ist völlige Neutralität bey allen Zwistigkeiten zwischen Stahlianern und Mechanisten; ob ich gleich denke, daß durch Herrn Unzer und andre diese Zwistigkeiten schon ziemlich geschlichtet worden. — Daß mir wirklich der Stahlianer meine Eintheilung nicht als richtig würde gelten lassen, sehen Sie leicht: er würde das lezte Glied

der Hülfsleistung. S. Home, Smith und andre.

Glied schon in dem ersten enthalten finden und
mich einer Sünde wider die alte Regel zeyhen:
daß die Glieder einander ausschliessen sollen.

Unter den physiologischen Gebehrden 'giebt
es viele, die dem freyen Willen der Seele
schlechterdings nicht gehorchen; die sich weder
da, wo wirkliche Empfindung sie hervorpreßt,
gut zurükhalten, noch, wo diese wirkliche Em=
pfindung fehlt, durch Kunst gut hervorbringen
lassen. So die Thräne des Kummers, das
Erblassen der Angst, das Erröthen der Scham;
Phänomene, die ich zwar eigentlich nicht Gebehrden nennen sollte, aber nach meiner etwas
weitern Erklärung schon darf. — Da man
nichts Unmögliches fordern kann; so erläßt
man dem Schauspieler jene unfreywilligen
Veränderungen gerne, und ist zufrieden, wenn
er nur die freywilligen getreu, aber mit Be=
scheidenheit, nachahmt. Mit Bescheidenheit,
sag ich; denn es gilt hier eben die Regel der

Mäßi=

Mäßigung, die oben für die Nachbildung der Ohnmacht und des Todes gegeben worden. Eine Wut, die sich das Haar zerrauft, die das ganze Gesicht verzerrt, und brüllt, bis alle Muskeln einzeln aufschwellen und die Augen mit Blut unterlaufen; so eine Wut kann in der Natur sehr wahr seyn, aber in der Nach= ahmung wäre sie widrig. — Ich erinnere dieses um gewisser Medeen willen, die hie und da ihr Gebehrdenspiel bis zum Abscheuli= chen treiben, und ein Geschrey vollführen, daß man sich die Ohren verstopfen mögte. Muß man denn nothwendig den Sinnen unaussteh= lich werden, um das Herz zu erschüttern? —

Ein einziges Mittel giebt es, gewisse un= freywillige Erschütterungen der Maschine durch Nachahmung wieder herauszubringen; aber es ist ein Mittel, das nicht jeder in seiner Gewalt hat. Quintilian *) erzehlt uns, er

habe

*) Inſtit. Orat. L. VI. c. 1. zu Ende. Vidi ego
saepe

habe Schauspieler gesehen, die nach einer traurigen und rührenden Rolle auch dann noch weinten, wenn sie schon längst die Maske abgelegt hatten; und von sich selbst versichert er, daß er bey seinen gerichtlichen Reden oft in Thränen ausgebrochen, ja sogar erblaßt sey. Das ganze Geheimnis liegt darinn: daß man eine sehr reizbare Phantasie habe, wie das billig jeder Künstler soll; daß man diese Phantasie zu schneller und mächtiger Erweckung rührender Bilder übe, und sich dann jedesmal mit dem vorhabenden Gegenstande ganz erfülle. Alsdann entstehen jene Erscheinungen, eben wie in wirklichen Situationen, von selbst, ohne unser Wollen und Zuthun. Vielleicht auch,

G 4   daß

hiſtriones atque Comoedos, cum ex aliquo graviore actu perſonam depofuiſſent, flentes adhuc egredi. — — Ipſe — frequenter ita motus ſum, ut me non lacrymae ſolum deprehenderint, ſed pallor & vero ſimilis dolor.

daß sich durch öftere Einwirkung der Phantasie gewisse körperliche Dispositionen und Fer-
tigkeiten erzeugen laffen. Ich kenne Schauspieler, die es mehr nicht als einen Augenblik
kostet, um die Augen mit Thränen zu füllen:
und die ehemals gebräuchlichen Klageweiber,
die für Geld den erſten beſten Todten beweiu-
ten, ſcheinen meine Idee zu beſtättigen. Wohl
dem Schauspieler, der ſo eine Fertigkeit hat
und gut damit hauszuhalten weiß; denn allerdings thut eine herabrollende Thräne oft die
glüflichſte Wirkung: aber jener Rath, ſich die
Phantaſie bis zu einem Grade zu erhitzen, wo
ihre Einbildungen, wie die Wirklichkeit ſelbſt
rühren, iſt, deucht mir, gefährlich. Warum?
hab ich ſchon in meinem zweyten Briefe geſagt. Der Schauspieler, der es kann, prüfe
ſich ja, eh er ſich ſo ganz dem Strome der
Phantaſie überläßt, ob er genug Genie iſt?
Kann er, nach Shakeſpears *) Ausdruk,

noch

*) S. Hamlet, 3ter Akt, 3ter Auftritt.

noch mitten im Strome, mitten im Sturme, mitten, so zu sagen, im Wirbelwinde der Leidenschaften sich mäßigen und die Foderungen seiner Kunst erfüllen: ja, dann ist er wahres Genie, und wird uns durch sein Spiel erschüttern, wenn uns andre nur rühren. — Das Wagestük jenes alten Schauspielers **Polus** *), der in der Rolle der **Elektra** den Aschenkrug seines eigenen Sohns hielt, wird er ihm nachzuthun schwerlich Gelegenheit haben, und so darf ich ihn nicht davor warnen. Wahre Empfindungen bemächtigen sich des ganzen Herzens zu leicht, und hemmen oder verfälschen aldann den Ausdruk, den sie, der Absicht nach, nur verstärken sollten.

*) Gell. Noct. Attic. L. VII. e. 5.

G 5 Zehn-

Zehnter Brief.

Unter den verſchiednen Zuſtänden der Seele, die ſich im Körper ausdrucken, laſſen Sie uns zuerſt den Zuſtand der unthätigen Ruhe be= trachten; denn in gewiſſem Verſtande hat auch dieſer ſeinen Ausdruk. — Was ich unter die= ſer unthätigen Ruhe verſtehe, darf ich wohl kaum erſt ſagen: ſo viel Kenntnis der Seelen= lehre traun Sie mir zu, daß ich eine fortdau= rende Wirkſamkeit der Seele, auch ſelbſt bey dem vollkommenſten Gleichgewichte aller ihrer Kräfte und Neigungen im tiefſten Schlafe, glaube. Allein ich bin hier eben ſo wenig Metaphyſiker, als ich Phyſiolog war, und ſo genügt es mir, die Dinge zu nehmen, wie ſie ſcheinen, ohne daß ich grübelte, wie ſie ſind. Genug, daß der Menſch in ſo manchen Au= genblicken ſich weder einer Anſtrengung ſeiner Erkenntnisfraft, noch eines Reizes zu äuſſern

Thätig=

Thätigkeiten, noch irgend einer merklichen Bewegung seines Herzens bewußt ist.

Stellen Sie sich also einen Menschen vor,
der in eine ruhige Scene der Natur blikt;
nicht, wie der enthusiastische Dorval beym
Diderot *), der mit Macht aus emporfliegen-
der Brust athmete, sondern eben so ruhig und
stille, wie sie selbst, die Natur: oder denken Sie
sich ihn, wie er einem gleichgültigen Gespräch seines Freundes oder Nachbars zuhört: und Sie
werden keine merkliche Spur, weder des Vergnügens noch des Verdrusses, keine ausge-
zeichnete Falte auf der Stirne, um die Augen,
um die Lippen, den Blik weder scharf, noch
trübe und schwimmend, alles ruhig, gehalten,
in völligem Gleichgewicht, kurz so finden, wie
Ihnen Le Brun die Ruhe zeichnet. Das
ganze

*) In der zweyten Unterredung hinter dem na-
türlichen Sohn.

ganze Gesicht wird der Fassung der Seele entsprechend und analog seyn. Auch die Attitude des übrigen Körpers wird die Ruhe, die
Unthätigkeit der Seele ankündigen; beydes im
Stehn und im Sitzen. Die müssigen Hände
werden im Schoße ruhen, oder in den Taschen,
im Busen, im Gürtel stecken: wo nicht, so
werden die Arme in einander geschlungen, vielleicht beym Stehen auch rükwärts gelegt seyn,
und in der Gegend des Kreuzes wird dann die
eine Hand in die andre greifen. Eine kleine
leichte Spielerey mit den Fingern wird vielleicht
den Mangel einer eigentlichen Beschäftigung
der Seele noch mehr verrathen; aber auch
schon zugleich, nachdem sie langsamer oder
schneller, sanfter oder gestoßner ist, eine geheime Stimmung zu mehr angenehmen oder
mehr verdrüßlichen Bewegungen entdecken.
Beym Sitzen werden die eben so unthätigen
Füße, bald nur über den Knöcheln, bald zurükgebogen über dem Schienbein, bald Knie auf
Knie,

Knie, übereinander kreuzweis liegen, und auch
da wird vielleicht eine kleine spielende Bewegung vorgehn; der ganze Körper wird bald in
einer mehr geraden bloß ruhigen, bald in einer
schiefern, faulern Stellung erscheinen, die sich
schon mehr dem völligen Liegen nähret, schon
mehr Bereitschaft und Hang zum Einschlum-
mern anzeigt.

Alle hier angegebenen und auch nicht angegebenen Varietäten haben natürlicher Weise
ihren bestimmenden Grund, so gut wie ihn die
Stellungen und Lagen im Ganzen haben, die
sie zu nüanciren dienen. In der einen ist mehr
Munterkeit, Kraft, Disposition zum Vergnügen; in der andern mehr Trägheit, Erschlaf-
sung, Ernst, Langeweile. Dieser Grund
liegt theils in dem Gegenstande der Betrachtung oder Erzehlung selbst, der nie völlig gleichgültig seyn kann, sondern, wie entfernt es auch
sey, mehr zu angenehmen oder mehr zu ver-
drüß-

drüßlichen Bewegungen stimmt; theils liegt
er auch in dem Subjekt, das die Eindrücke
aufnimmt, im Menschen. Bey einem und
demselbigen Gegenstande werden verschiedene
Menschen ihre Stellung vielleicht sehr verschieden nehmen. Das kann nun wieder von au-
genbliklicher unmerklicher Laune, die noch von
vorigen Eindrücken übrig geblieben, von einem
veränderlichen Zustande des Körpers herrühren; aber sicher wird doch immer der Charakter, die eigenthümliche Denk- und Empfin-
dungsart des Menschen ein Merkliches dazu
beytragen. So, wie sich auf der ruhigen
Fläche des Gesichts die unterscheidenden Charakterzüge nie verwischen und vielleicht in diesem Zustande der Ruhe am sichersten und rein-
sten erkannt werden; so bleiben auch in der
ruhigen Stellung und Lage des Körpers merkliche Spuren des individuellen Charakters
übrig. Ohne ein Anspannen der Muskeln,
welches die Seele durch eine fortgesezte und

ihr

P 112 / 4

iihr eben daher unbewußte Thätigkeit bewirkt,
würde der ganze Körper nieder und ineinander
ssinken: also wird die Art, wie sie hält, wie sie
trägt, schon ein Beweis von dem Grade ihrer
iinnern fortdaurenden Thätigkeit seyn. Auch
wohnen in jeder Seele gewisse herrschende
Ideen, gewisse davon abhangende Lieblings=
meigungen: und wenn diese auch jezt in ihr
sschweigen; so wird sich doch eine schwache
Spur davon in der Attitude des Körpers
äussern; die gewöhnliche Stellung wird die
gewöhnliche Fassung verrathen; man wird da=
rinn schon einen Anfang, ein Element von
Ausdruk entdecken. Betrachten Sie, um der
Kürze willen, nur ein Paar stehende Attituden.
Der Stolze (Fig. 3.) fährt mit der Hand,
wenn er sie einsteckt, gerne höher in die Brust
und legt die eine, falls er sie frey läßt, gerne
verwandt mit vorgebogenem Ellbogen flach in
die Seite; den Kopf schlägt er gerne ein we=
nig zurük; die Entfernung, worinn die aus=

wärts

wärts gekehrten Füße von einander stehen, ist
größer, oder wenn auf dem einen geruht wird,
so greift gerne der andre mehr vor. — Ein
sanfter, aber darum nicht schwacher, nicht trä=
ger Charakter schlingt gerne in der Mitte des
Körpers die Arme in einander; das Haupt
steht vertikal, weder zurükgebogen noch vor=
hängend; der Schritt der Füße ist enge, und
sie selbst sind nicht zu sehr auswärts, aber auch
nicht einwärts gekehrt. (Fig. 4.) Ich be=
schreibe, wie Sie leicht merken, die Lieblings=
attitude unserer Damen, die von Natur sanf=
ter als das stärkere Geschlecht sind, oder wohl
dann und wann auch nur durch Kunst sanfter
scheinen. — Hände, die auf dem Rücken zu=
sammenliegen und also von jeder etwa vorkom=
menden Thätigkeit weiter entfernt sind (Fig.
5.) zeigen ein größeres Phlegma, eine voll=
kommnere Unachtsamkeit, Sorglosigkeit an.
Doch kann freylich die Dicke des Bauchs, wo
die Arme wie von selbst gegen den Rücken fal=
len,

len, diese Stellung bequemer machen: aber
auſſer daß hier noch eine andre gleich bequeme
Stellung ſtatt findet, das Stemmen der
Hände in beyde Seiten, ſo erregt ſchon die
Dicke ſelbſt einen kleinen Argwohn von Phleg=
ma. Wenn der Stolze dieſe Attitude nimmt,
ſo iſt ſie auch bey ihm bedeutend und ſprechend;
eine gewiſſe Unachtſamkeit und Sorgloſigkeit
ſieht dem Stolze ſehr ähnlich, und Bruſt und
Leib werfen ſich bey ſo einer Stellung mehr
heraus; nur fehlen dann die mehr einwärts ge=
kehrten Füße, der gerade Stand des ganzen
Körpers, das weitere Vorhängen des Haupts,
u. ſ. f. (Fig. 6.) Charakter überhaupt wird
nie ſicher aus einzelnen Zügen, immer beſſer
durch gleichzeitige Beäugung aller erkannt.
Ungemein bedeutend iſt endlich ein vom Nacken
gar nicht aufrecht getragenes, gegen die Bruſt
hin fallendes Haupt *); ungeſchloſſene Lippen,

die

*) S. Plaſtik. S. 73. „Der Hals iſts, der

H   ei=

die das Kinn hängen laſſen, wie es hängt;
Augen, deren halber Apfel hinter dem Liede
ſtekt; einſinkende Kniee; ein vorwärts ge=
ſtrekter Bauch; einwärts gekehrte Füße;
geradeweg in die Taſchen des Roks fahrende
Hände oder wohl gar frey herabbaumelnde
Arme. (Fig. 7.) Wer erkennt hier nicht auf
den erſten Blik die ſchlaffe unthätige Seele,
die keiner Aufmerkſamkeit, keines Intereſſe
fähig iſt; eine Seele, die nie recht wacht,
die nicht einmal die geringe Energie hat, ſo
viel Spannung in die Muskeln zu bringen,
daß der Körper gehörig getragen, ſeine Glieder
gehörig gehalten werden? Nur der äuſſerſt
Dumme und Faule kann eine ſo nichtsſagende,
Seelenloſe Stellung nehmen.

La=

„eigentlich exſerirt, nicht, was der Menſch in
„ſeinem Haupt iſt, ſondern wie er ſein Haupt
„und Leben träget. Hier der freye edle Stand,
„oder das geduldige Vorſtrecken, ein Opfer=
„lamm zu werden, u. ſ. w. “

Lavaters Physiognomische Fragmente habe ich nicht zur Hand, und wenn ich sie auch auf meinem Pulte vor mir sähe, würd ich sie doch nur ungerne zu Rathe ziehen. Fremde, nicht schon vorher durchdachte Ideen könnten mir leicht die ganze Folge meiner eignen verwirren. Wenn etwa Sie das Buch besitzen, so lesen Sie doch nach, was darinn von den Stellungen gesagt wird. Uebergangen kann diese Materie schwerlich seyn, da ich mich erinnere, daß selbst ein gewisses Charakteristische der Handschriften darinn bemerkt und mit Proben belegt worden. Auch über den Gang muß manche Beobachtung darinn vorkommen, die ich nicht nachsehen kann. Diese und einige andre Punkte sind die ungewisse Grenze der beyden Künste; ein gemeinschaftlicher Rain, der eben so wohl der Mimik, als der Physiognomik gehört.

Aus

Aus dem jedesmaligen Charakter seiner
Rolle muß der Schauspieler beurtheilen, was
für einen Stand, was für eine Art sich zu tra=
gen er in den ruhigern Conversationsscenen zu
wählen habe. Eigenes Nachdenken können
auch die bestimmtesten Regeln, auch die weit=
läuftigsten Gallerieen von Gemälden ihm nicht
ersparen: denn Anwenden und Aussuchen blie=
be doch immer ihm selbst überlassen. Und hin=
länglich vollständig zu seyn, wäre ohnedieß bey
der unendlichen Mannichfaltichkeit der Natur
gar nicht möglich. Nur eine Bemerkung über
die Veränderung der ruhigen Lage bey dem
Uebergange zur Thätigkeit muß ich hinzusetzen.
Ein Mensch, dem sich im Zustande der Ruhe
eine Veranlassung, ein Reiz zu äusserer Thä=
tigkeit zeigt, wird, wenn auch diese Thätigkeit
noch nicht ausbricht, durch seine Stellung
schon die Fassung, die Bereitschaft dazu ver=
rathen. Er wird sich, so zu sagen, jedes Tem=
po bis auf das letzte ersparen; wird Hände,

Arme,

Arme, Füße, den ganzen Körper, auf den er=
sten Wink der Seele gleichsam fertig halten.
So wie im Sitzen die müssigste, von der Thä=
tigkeit entferntefte, Lage ist, den Körper zurük=
zulehnen, die in einander geschränkten Arme in
den Busen zu verbergen, die Kniee über ein=
ander zu werfen oder die zurükgezogenen
Füße über dem Schienbein kreuzweis zu
legen (Fig. 8.); so ist die lezte unter den ru=
higen, schon der Thätigkeit nächste Lage, daß
der Körper aufgerichtet, gegen den interessan=
ten Gegenstand hingewandt, die Füße getrennt,
in einen geradern Stand gesezt, schon fest auf
den Boden auftretend; die gleichfalls getrenn=
ten Hände auf die Kniee greifend, zum Auf=
stehen und Handeln schon völlig bereit erscheinen.
(Fig. 9.) Mag sich Beaumarchais im Anfan=
ge der für Clavigo so interessanten Erzehlung *)

H 3 in

*) Im zweyten Akt des Göthischen Trauerspiels:
Clavigo.

in einer so nachläſſigen Stellung hinwerfen,
wie er wolle: Eh er die Dinge ſagt, die dem
verrätheriſchen Clavigo keinen Zweifel mehr
wegen der Abſicht ſeiner Reiſe übrig laſſen,
ſizt er gewiß in der Stellung da, die ich eben
beſchrieben habe: und hätt er den Hut zufälliger Weiſe in der rechten Hand gehalten; ſo
macht er jezt dieſe frey, und wirft ihn in die
Linke hinüber. Entſteht der Reiz zur Thätigkeit allmählig, ſo entſteht eben ſo allmählig die
Vorbereitung dazu. Laſſen Sie z. B. die
Füße zurükgezogen über dem Schienbein kreuzweis liegen; ſo werden ſie anfänglich mehr
vorwärts gerükt, dann völlig aus einander ge-
ſtellt, dann folgt die Entfaltung der Arme
nach, u. ſ. f.

Auch, wenn keine äuſſere Thätigkeit vor-
fällt, wenn bloß ein äuſſerer Gegenſtand zu
beachten, zu erkennen iſt, oder wenn nur von
auſſen her intereſſante Ideen mitgetheilt werden,

den, wird das Nehmliche erfolgen. Man
richtet sich gegen den Mitunterredner auf;
neigt sich gegen den interessanten Gegenstand
hin; sezt den ganzen Körper mehr oder weniger
in einen Zustand, der Bereitschaft und Hang
zur Thätigkeit anzeigt. Die Seele ergießt
sich nach aussen hin in den Sinn, durch den
sie die ihr wichtig scheinenden Ideen erhält, und
vermöge einer geheimen Sympathie unter den
Kräften werden hier zugleich alle andern äussern
Kräfe ermuntert. Die Veränderungen, die
sich ergeben, wenn die Seele den Gegenstand
nicht sowohl mehr fassen, als geniessen will,
oder wenn bey Mittheilung der Ideen mehr
die innern geistigen als die äussern sinnlichen
Erkenntniskräfte thätig sind, werden aus dem
Folgenden leicht von selbst können geschlossen
werden.

Eilf-

Eilfter Brief.

Es ist schon wahr, was Sie sagen: daß ich in einigen meiner Zeichnungen der versproche-nen Allgemeinheit vergessen, und zu sehr auf einzelne Nationen und Stände gesehen. Die in den Busen gesteften Hände setzen freylich schon eine gewisse Art Kleidung, und die aus-wärts gekehrten Füße sogar den Tanzmeister voraus. Aber ich wollte doch Ihrer Einbil-dungskraft gerne Bilder geben: und Bilder, wissen Sie wohl, lassen sich, ohne partikuläre Züge, weder mit Linien für das Auge, noch mit Worten für die Einbildungskraft zeichnen. Der Fehler war nothwendig, und ich hoffe also, Sie werden mir ihn noch öfter zu Gute halten. Es ist genug, wenn unter den besondern zufäl-ligen Zügen das Allgemeine nur klar hervor-scheint. —

Wir

Wir haben den noch uninteressirten, un=
thätigen Menschen betrachtet. Der interessir=
te, der in Thätigkeit gesezte ist es entweder
mehr mit seinem Kopfe oder mit seinem Her=
zen. In beyden Fällen ist Ausdruk. Er
überdenkt seine Handlungen, seinen Zustand;
überlegt, was zu thun sey; sinnt über die be=
sten Mittel zum Entzwecke nach, erinnert sich,
untersucht, räsonnirt. Der Ausdruk ist hier
mehr oder weniger lebhaft, nachdem der Be=
wegungsgrund ist, der die Thätigkeit veran=
laßt. Wo bloß der ruhige Wahrheitstrieb
wirkt, der nur Erkenntnis sucht, oder wo der
ganze Zwek des Bestrebens ein angenehmes
Spiel der Einbildungskraft ist; da ist der Aus=
druk schwächer, gemäßigter, kälter, als wo
der Kopf im Dienste des Herzens arbeitet; als
wo das wirkliche Beste des Menschen, sein
Wohl und Wehe, oder was die Leidenschaft ihm
als Wohl und Wehe vorspiegelt, in Betrachtung
kommt. Wenn ein Hamlet in seiner schrek=

H 5

lichen,

lichen, ihm unerträglichen, Lage auftritt und
Gründe für und wider den Selbstmord ab-
wägt; da zeigt sich freylich ganz ein anderer
Ausdruk, als wenn der kalte Moralist über
den nehmlichen Gegenstand, nicht als Angele-
genheit des Herzens, sondern als Problem des
Verstandes, grübelt. Indessen kann auch der
Wahrheitstrieb für sich selbst ein großes Interesse erzeugen. Pythagoras opferte den
Musen eine Hekatombe, als er den Beweis
des geometrischen Lehrsatzes gefunden hatte,
der noch jezt seinen Namen führt *): und
Diodorus Kronus starb vor Kummer, weil
er die dialektischen Schlingen des Stilpo
nicht sogleich hatte lösen können. **) Doch
freylich that zu seinem Tode das Meiste der
Schimpf, daß er in Gegenwart des Ptolo-
mäus

---

*) Vitruv. L. IX. c. 2. Etwas anders lautet es beym
   Cicero de Nat. Deor. L. III. c. 36. Cicero spielt
   hier den Skeptiker, aber ein wenig unglüklich. S.
   Gedike histor. phil. antiqu. p. 49.
**) Diog. Laërt. L. II. Segm. III. 112.

mäus Soter so schlecht bestanden war und die
bittern Spöttereyen des Königs hatte erdulden
müssen. Ob nicht auch im Pythagoras sich
mehr die Eitelkeit und Ruhmbegierde, als die
befriedigte Vernunft freute? wäre die Frage.
Die Philosophen waren von jeher ein eitles
Völkchen, und selbst einige ihrer Mitbrüder
haben das aufrichtig genug bekannt.

Das Nachdenken, das Räsonnement, das
in Schauspielen vorkommt, geht fast immer
von Empfindungen des Herzens, von Leidenschaften aus: und diese Leidenschaften müssen
dem Schauspieler, wie den Ton, so auch das
Gebehrdenspiel im Allgemeinen angeben; von
ihnen erhält es seine nähern Modifikationen,
seinen bestimmten Grad der Wärme, seine
mehr oder minder markirten Absätze und Ueber-
gänge. Da dieses Besondere aus dem Eigenthümlichen jeder Leidenschaft geschöpft werden
muß, wovon ich künftig zu reden denke; so
halte

halte ich mich hier bloß an das Allgemeine, und betrachte den Denker, den ich auftreten laſſe, als kalten philoſophiſchen Denker, der an den Gegenſtänden, welche ihm vorſchweben, kein beſondres, genauer beſtimmtes Intereſſe findet. Daß ich alle bey dieſer innern Thätigkeit vorkommenden Ausdrücke erſchöpfen ſollte, wäre unmöglich: nur hie und da greife ich eine Beobachtung heraus, nach deren Muſter ſich ihrer mehrere werden machen laſſen.

Das, wogegen die Schauſpieler in nachdenkenden Scenen, und alſo beſonders in Monologen, am meiſten ſündigen, iſt die Regel von der Analogie, die man in der Natur faſt durchaus wird beobachtet finden. Salluſt *) ſezt

---

*) Bell. Catilin. C. XV. — Animus impurus, Diis hominibusque infeſtus, neque vigiliis, neque quietibus ſedari poterat: ita conſcientia mentem excitam vexabat. Igitur colos ei exſanguis, foedi oculi, *citus modo, modo tardus inceſſus &c.*

sezt unter die Charakterzüge des Catilina auch
seinen bald schnellen, bald langsamen Gang,
und leitet diese Ungleichförmigkeit des Ganges
von der Unruhe eines Gewissens her, das er
durch so viele Schandthaten, und besonders
durch einen der schreklichsten Meuchelmorde,
befleckt hatte. Ich habe nichts wider diese Er=
klärung; aber ich glaube, daß die großen und
Gefahrvollen Entwürfe, womit Catilina wider
sein Vaterland schwanger ging, diese Erschei=
nung eben so wohl haben hervorbringen kön=
nen. — Wo der Mensch seine Ideen leicht
und ohne Anstoß entwickelt; da ist sein Gang
freyer, schneller, mehr nach Einer ungeän=
derten Direktion hin: wo die Folge der Ideen
schwierig ist, da ist der Gang langsamer, gehin=
derter: wo sich plözlich ein wichtiger Zweifel er=
hebt, da wird er ganz unterbrochen, und der
Mensch steht stille: wo die Seele zwischen ver=
schiednen Ideen schwankt, überall Hindernis
und Bedenklichkeit findet, jede Reyhe nur bis
auf

auf einen gewiſſen Punkt verfolgt, und dann in andere übergeht, aus der ſie wieder in neue ausbeugt; da iſt der Gang unordentlich, ungleichförmig, hält keine beſtimmten Direktionen mehr, durchſchneidet und durchkreuzt ſich auf mancherley Art. Eben daher der regelloſe Gang bey allen den Gemüthsbewegungen und Leidenſchaften, bey denen dieſes ungewiſſe Schwanken zwiſchen Ideen vorkommt; am meiſten bey der innern umhertreibenden Gewiſſensangſt, die ſich retten mögte und nirgends Ausweg und Mittel findet.

Eben ſo, wie mit dem Gange, verhält es ſich mit dem Spiel der Hände: es iſt leicht, ungehindert, frey, wo die ganze Entwickelung der Ideen gut geht und ſich eins aus dem andern ohne Schwierigkeit ergiebt; es iſt unruhig, unregelmäßig, die Hände greifen umher, machen bald dieſe bald jene Bewegung, nach der Bruſt hin, dem Haupt hin; die Arme werden

den in und aus einander gefaltet, wenn das
Nachdenken in seinem freyen Strome gehemmt
und in allerhand fremde Ufer abgeleitet wird:
entsteht auf einmal eine Bedenklichkeit, eine
Schwierigkeit, so leidet das ganze Spiel einen
Stillstand; die ausgestrekte Hand wird in sich
zusammen und an die Brust zurükgezogen, oder
die Arme werden in die Lage der Unthätigkeit
über einander gefaltet. Das Auge, das mit
dem ganzen Haupte, wo das Nachdenken gut
von Statten ging, sich nur leicht und sanft be=
wegte; oder, wo die Seele von Idee auf Idee
verschlagen ward, bald in diesen bald in jenen
Winkel umherirrte, sieht nun starr vor sich hin,
und das Haupt schlägt sich zurük oder hängt
vorwärts, bis nach dem ersten Anstaunen des
Zweifels, wenn ichs so nennen darf, die ge=
hemmte Thätigkeit wieder fortgeht (Fig. 10).

Fassen Sie, um das Analoge des Gebehr=
denspiels noch deutlicher zu erkennen, den alten

Phil=

Philto oder Stáleno in Gedanken, wo sie
sich hinstellen, um ein bequemes Mittel zu
ihren Absichten zu ersinnen. Sie wollten gerne der Camilla ihren Brautschaß auszahlen,
ohne den verschwenderischen Bruder derselben
merken zu lassen, daß von dem väterlichen
Gelde wohl noch Vorrath seyn müsse. Die
Sache ist schwer, und sie stehen eine gute Weile da, glauben etwas gefunden zu haben und
gebens sogleich wieder auf *). Gesezt, der alte
Philto hätte, da er seine erste Idee verfolgte,
mit vorhangendem Haupte dagestanden, die
Arme in der Gegend der Brust zusammenge-
schlagen, den Blik zur Erde gesenkt, auf dem
linken Fuße ruhend und mit dem rechten vor-
greifend; so ist Alles zu wetten, daß er bey
dem zweyten Nachdenken diese Stellung ab-
ändern werde. Vielleicht sezt er nun die Hände in die Seite, oder richtet das Haupt auf

          und

---

*) In Leßings Schaß, dritten Auftritt.

und ſieht in die Wolken, als ob er von oben
herab holen wollte, was er unten nicht fand:
oder er nimmt auch durchaus die entgegenge=
ſezte Stellung; legt die Hände auf dem Rücken
in einander, ſchlägt das Haupt, das erſt vor=
wärts hing, in den Nacken, zieht den linken
Fuß zurük und ruht auf dem rechten. (Fig.
10) — Sie müſſen dieſe und ähnliche Abän=
derungen oft bemerkt haben, wenn der Name
eines Menſchen geſucht ward. Die nehmliche
Attitude behält der Körper nie, wenn innerlich
die Gedanken umſetzen: war anfangs der
Kopf nach der rechten Seite gerichtet, ſo dreht
er ſich jezt nach der linken. Doch miſcht ſich
vielleicht in dieſes analoge Gebehrdenſpiel
ſchon viel Abſichtliches ein. Wer ſeine innern
Ideen verändern will, der thut wohl, daß er
auch die äuſſern Eindrücke verändre, mit denen
er jene ſchon zu ſehr in Verbindung brachte.
Andere Gegenſtände, andere Gedanken! Ein
berühmter Gelehrter hatte die Gewohnheit, ſo=

J   bald

bald es in der einen Ecke des Zimmers nicht
mehr fort wollte, sein Tischchen zu nehmen und
in eine andere zu laufen.

Ich gab Ihnen, wenn Sie sich noch erinnern, einen zwiefachen Grund des analogen
Gebehrdenspiels an: der erste lag in dem geheimen gegenseitigen Einfluß der klaren und
dunklen Ideen in einander; der zweyte in dem
Triebe der Seele, ihre unsinnlichen Ideen auf
sinnliche zurükzuführen, als sinnliche zu fingi-
ren, wenigstens an sinnliche zu ketten, und in
dem daher entspringenden Instinkte, ihre eigenen unsinnlichen Wirkungen, sobald sie lebhafter werden, durch figürliche körperliche Veränderungen nachzubilden. Dieser Instinkt ist
überall unverkennbar. — Wenn Hamlet *)
die Ursache entdekt hat, warum der Selbstmord
ein so bedenklicher Schritt sey? so ruft er aus:
                                        „Ach

---

*) Dritt. Akt, erster Auftritt.

f 12.

„Ach da liegt der Knoten!" und in demselbi=
gen Augenblicke bewegt er den Finger vor sich
hin, als ob er äusserlich mit dem Auge gefun=
den hätte, was er doch innerlich mit dem Scharf=
sinne fand. (Fig. 11.) Wenn Lear *) sich des
schändlichen Undanks seiner Töchter erinnert,
womit sie in einer so stürmischen Nacht sein
graues Haupt Wind und Wetter Preis gaben,
und er dann auf einmal ausruft: „O hier auf
„diesem Wege komm ich zum Wahnwitz; ich
„muß ihm ausweichen; nichts mehr davon!"
so ist da kein äusserer Gegenstand, von dem er
Blik und Körper mit Abscheu verwenden dürf=
te, und doch wird er sich von der Seite weg=
drehn, gegen die er gerichtet war, wird mit
verwandter Hand die unangenehme Erinne=
rung gleichsam von sich stoßen, zurükscheuchen
(Fig. 12.). Wenn der empörte Albrecht **)

J 2 in

*) Dritter Akt, vierter Auftr.

**) Agnes Bernauerinn. Dritter Akt, viert. Auftr.

in der Scene mit Thorringer sagt: „Ha
„verdammtes Unding; eure Ehre, eure Für-
„stenpflicht!" so wird er nach dem heftigern
Ausdruk: Verdammtes Unding! die Begriffe, deren Nichtswürdigkeit ihm so einleuchtend
scheint, in halbverwandter Stellung, aus offner
flacher Hand und mit einem unwilligen Rucke
dem ehrwürdigen Alten gleichsam vor die Füße
werfen. (Fig. 13.) — Doch Sie werden
schon von selbst der ähnlichen Beobachtungen
mehrere machen.   Widrige, sich aufdringende
Ideen, zu denen der Mund ein oft wiederhol-
tes Nein! spricht, schlägt man mit hin= und
herfahrender Hand gleichsam zurük, als ob
man ein beschwerliches hartnäckig wiederkeh-
rendes Insekt zu verjagen hätte, u. s. w.

Durch ein ähnliches Spiel der Einbil=
dungskraft substituirt die Seele bey ihrem in=
nern Beschauen und Horchen, wie ich es nen=
nen will, diejenigen absichtlichen Bewegungen,
die

die es in der That nur bey dem Beschauen sichtbarer Gegenstände oder dem Horchen auf äussre Töne wären. Der Blik wird bey bedeutenden feinern Punkten der Untersuchung geschärft, die Augenbraunen werden nach den Nasenwinkeln heruntergezogen, daß die Stirne voll Falten und das Auge, welches sich noch überdieß zum bessern Concentriren der Lichtstrahlen verengt, in einen tiefern Schatten zurükgetrieben wird *); nicht anders, als ob ein Gegenstand von großer Feinheit oder in weiter Entfernung erkannt werden sollte. — Der Zeigefinger

J 3   wird

---

*) Ein tiefliegendes Auge, sagt Aristoteles sieht am schärfsten: hist. animal. L. I. c. 10. Οἱ οφθαλμοι — — η εκτος σφοδρα, η εντος, η μεσως τ8των · οἱ δ᾽ εντος μαλισα οξυωπεςατοι επι παντος ξω8. — Plinius sagt ihm das ungewiß nach, und Harduin macht dabey die Anmerkung: Cauſa in promtu eſt : quia ſpecies inferiores perferuntur ſub umbracula, neque aëris motu disſſipantur. ad Lib. XI. c. 53. 3.

wird vor die geschlossenen Lippen gebracht, als
ob man fürchtete, durch das Geplauder der un-
wichtigern Ideen an Beachtung der wichtigern
verhindert zu werden. Gerade das Wort!
oder Stille! was oft im Selbstgespräch, wenn
man auf einen wichtigen Gegenstand oder einen
bedeutenden Zweifel trift, auch die Lippen sagen. Oft wird auch der Zeigefinger zwischen
die Augenbraunen vor die gerunzelte Stirne
gelegt, als ob der Punkt, wohin sich die Aufmerksamkeit zu wenden hat, sollte angewiesen,
festgehalten werden. — Diejenige Pantomime, die dem innern Denken, Erinnern, Un-
tersuchen wirklich dient, ist das Verschliessen
der Sinne, das Verdecken der Augen mit den
Händen, das Verschleyern des ganzen Ant-
litzes: denn die innre Verrichtung geht um so
besser von Statten, je weniger äussere Stöhrung da ist. Daher suchen der Kummer, die
Liebe, alle nachdenkenden Leidenschaften das
Dunkel der Wälder, und die Eule ist der Göt-
tin

tin der Weisheit heilig, weil sie in Einöden
wohnt und um Mitternacht wacht.

Was bey dem Nachdenken von anderweiti-
gen Gebehrden vorkommt; der verdrüßliche
Blik bey gehemmtem, der heitere bey glükli-
chem Fortgang; die Bewegungen, womit die
Hand dem Haupte gleichsam zu Hülfe kommt,
wenn es oft zu sehr angegriffen und mit Blut
überfüllt ist: alles das ist weniger wichtig und
mag hier wegbleiben. Ich habe Ihnen
ohnehin nichts als Bruchstücke, als Versuche versprochen. Auch von der Neugier,
womit wir äusserlich die Gegenstände auf-
suchen, deren Betrachtung unsern Ideenvor-
rath vermehren kann, sage ich nichts: ihre Erscheinungen werden sich so leicht aus dem errathen lassen, was ich über die nach aussen ge-
richteten Begierden im Allgemeinen zu sagen
denke. — Sie treiben mich in Ihrem Vorigen, zum Ausdruk der sogenannten Affekten zu

kom-

kommen, und Zeit ist es freylich, daß ich diese wichtigste Materie der Mimik vornehme;
wenn ich anders nicht schon mitten darinn bin.
— Da ich nicht weiß, wie bald ich fortfahren
mögte; so schicke ich Ihnen indessen ein Bü-
chelchen, das mir von ohngefähr in die Hände
fällt, und das Sie zwar nur wenig unterrichten, aber doch hie und da belustigen wird. *)

*) A Lecture on Mimicry. London 1777.

Zwölf-

Zwölfter Brief.

Le Brun hat den Watelet *), Cartesius den Le Brun geführt; allein ich find es nicht rathsam, so ganz in ihre Fußstapfen zu treten. Noch weniger mag ich in den Schriften der Philosophen nachsehn, was für Eintheilungen sie von den Affekten gemacht; denn ich weiß schon, wie mannichfaltig sie von einander abweichen: **) und es wäre sehr möglich, daß ich über der Verwirrung von Meynungen drehend würde und mir dann gar nicht zu helfen wüßte. Lieber also will ich eine Eintheilung nach meinem eigenen Kopfe machen; so, wie ich sie zu meiner jetzigen Absicht am be-

J 5   quem=

*) In der Abhandlung sur l'expression, hinter seinem bekannten Gedichte: L'art de peindre. S. 133.
**) Man sehe nur Holmanni Philosoph. moral. pr. lin. p. 45. 46.

quemſten und brauchbarſten finde. Ob ſie
ſchon irgend ein anderer vor mir gemacht, oder
nicht, wird ſehr gleichgültig ſeyn.

Alle lebhaftere Wirkſamkeit der Seele, die
eben ihrer Lebhaftigkeit wegen mit einem merk‍-
lichen Grade von Vergnügen oder Mißver‍-
gnügen verbunden iſt, nenn ich Affekt, und
unterſcheide demnach eine zwiefache Art von
Affekten. Denn jene Wirkſamkeit beſteht ent‍-
weder im Anſchauen deſſen, was iſt, oder im
Streben nach dem, was man mögte. Die
leztere Art von Wirkſamkeit, bey der wir uns
eigentlich unſrer Kräfte erſt recht bewußt wer‍-
den, da wir bey jener mehr zu leiden, Ein‍-
drücke bloß aufzunehmen glauben, wird Be‍-
gierde genannt. Die Begierde, die wir bis
izt haben kennen lernen, war ein innerliches
Streben des Verſtandes, der oft ſchon für
ſich, ohne daß ihn Intereſſe des Herzens dazu
auffordert, in eine lebhafte Thätigkeit geräth,
deren

deren ganzer Gewinn und Entzweck ist: Wiſſen, Erkennen. Auch der Verſtand alſo hat
ſeinen Affekt der Begierde, der in feinern Seе-
len von jeher Wunder gethan, und vielleicht
eben ſo viel Freuden geopfert, eben ſo viel
Säfte des Lebens verzehrt hat, als irgend eine
andre Begierde. Allein er hat auch noch ſeine
Affekten des Anſchauens: denn er verweilt mit
Vergnügen bey dem Ideenreichen, Geordne-
ten, Uebereinſtimmenden, Schönen, ohne daß
er andern Vortheil oder Genuß davon, als
die bloße Erkenntnis hätte, und mit Mißver-
gnügen bemerkt er alle Gegenſätze jener Vollkommenheiten, das Leere, Regelloſe, Unge-
gründete, Disharmonirende. — Affekten des
Herzens entſtehen, wenn unſer eigenes Selbſt
in Betrachtung kommt; wenn wir das Objekt
in ſeiner vortheilhaften oder nachtheiligen Beziehung auf uns betrachten, es haſſen oder es
lieben, uns damit vereinigt oder davon getrennt wünſchen.

Die

Die in der Mimik merkwürdigen Affekten des Verstandes, die im Anschauen bestehen, sind: die Bewunderung und das Lachen. Den leztern, wie Sie sehen, muß ich mit dem Namen seiner auffallendsten Wirkung bezeichnen, weil die Sprache für ihn kein eigenes Wort hat. Er mischt sich gerne mit andern Affekten, wie beym Verlachen, beym Hohnlachen; dort nehmlich mit Verachtung und hier obendrein noch mit Haß: allein er kann auch ohne diese Mischungen Statt finden, und dann ist er das eigentliche muntre Lachen, das sich bey der Wahrnehmung kleiner unschädlicher Uebel, Contraste, Disproportionen, Mißhelligkeiten findet. — In die schwere Untersuchung über die eigentliche Quelle des Lächerlichen mich einzulassen, ist hier der Ort nicht: das Erbaulichste, was vielleicht darüber geschrieben worden, finden Sie in einem französischen Büchelchen*),

wel=

---

*) Traité des causes physiques & morales du rire. Amsterd. 1768.

welches Sie vermuthlich schon kennen. —
Die Gebehrden dieses Affekts sind insgesammt
physiologisch; zuweilen mit Malerey des be=
lachten Gegenstandes vermengt: ihre Zeich=
nung beym Le Brun ist, wie mehrere andre,
schon ein wenig Karrikatur, und ich finde es
kaum der Mühe werth, Sie darauf hinzuwei=
sen. Wie man lacht, weiß ein jeder; obgleich
nicht jeder sich zu mäßigen weiß: und wer ein=
mal zum Lachen kein Gesicht hat, der wird es
auch durch Unterricht nicht erlangen. Schon
Cartesius sagte Ihnen, daß manche beym
Weinen eben so ein Gesicht, wie andre beym
Lachen, machten. *) Kehren Sies um, und
es bleibt eben so wahr: manche machen beym
Lachen

*) S. darüber Hogarth S. 75. der deutschen
    Uebersetzung. — „Ich erinnere mich, sagt er,
    „einen Bettler gesehen zu haben, welcher sei=
    „nen Kopf sehr künstlich verbunden hatte und
    „dessen Gesicht schmal und blaß genug war, um
    „Mitleiden zu erwecken; aber seine Gesichts=
    „züge

Lachen eben so ein Gesicht, wie andre beym
Weinen. Eben daraus aber, daß wir Abweichungen dieser Art so leicht bemerken und sie
lächerlich finden, läßt sich schon abnehmen:
daß wir ein gewisses Bild von den eigentlichen
Gebehrden des Lachens und Weinens in der
Phantasie haben; ein Bild, wovon wir uns
die Abweichungen zwar im gemeinen Leben gefallen lassen, weil wir wohl müssen; aber nicht
auch in der Nachahmung und auf der Bühne.
— Wieder andere Gesichter können sich nicht
verziehen, ohne daß sie uns den widrigen Anblik einer fast verschwindenden Oberlippe und
eines dadurch ganz entblößten Gebisses gäben.
Ich möchte daher jedem Schauspieler rathen:
daß er, ausser den Gebehrden der Leidenschaften, auch noch sein Gesicht kennen lernte, um

zu

„züge waren übrigens zu seiner Absicht so un-
„glüklich gebildet, daß die Grimasse, durch
„welche er Noth und Elend ausdrucken wollte,
„vielmehr ein freudiges Gelächter war.“

zu wiſſen, welche ihn verſtellen und welche ihm
anſtehn? Oder noch beſſer: daß er lieber gar
nicht Schauſpieler würde, wenn ihm die Na=
tur eines von beydem, den wahren oder den
ſchönen Ausdruk, verſagt hat. Doch dieſen
Rath könnt ich ſparen: denn was läßt ſich da=
von für Nußen hoffen? — Wenn überhaupt
die meiſten Menſchen ihr Loos aus dem Glüks=
topfe greifen, und mehr durch Zufall oder aus
blindem Geſchmak, als aus wahrem, auf Fä=
higkeit gegründeten, Triebe das werden, wozu
ſie ſich widmen; ſo gilt dieß von dem Stande
der Schauſpieler, wenigſtens in Deutſchland,
ganz vorzüglich. Man wird Akteur, wie man
Soldat wird; insgemein aus Unbedacht oder
Noth, ſelten aus Beruf oder Neigung.

Von der Bewunderung finden Sie mehr
als eine Zeichnung beym Le Brun: die aus=
geführteſte und angenehmſte iſt gleich die
erſte. Wenn Sie die Züge leſen, durch
wel-

welche er diesen Affekt charakterisirt — dem
zwar einige den Namen des Affekts gar nicht
einräumen wollen; — so werden Sie überall
die im Körper nachgeahmte Erweiterung der
Seele finden, die einen großen, ihre ganze
Vorstellungskraft gleichsam ausfüllenden, Ge=
genstand fassen mögte. Die Augen, der Mund
sind geöfnet; die Augenbraunen um ein weni=
ges in die Höhe gezogen; die Arme zwar dem
Leibe näher, als bey der lebhaften Begierde,
aber doch ausgebreitet; übrigens die Figur
und die Züge des Gesichts in Ruhe. Setzen
Sie hiezu noch die Erweiterung der Brust, die
schon oben bemerkt worden und die hier eine
mit dem analogen Ausdrucke coincidirende Ma=
lerey ist, weil nehmlich die Bewunderung zu
den homogenen Empfindungen gehört *): und
Sie sehen, daß sich alle hier vorkommende
Gebehrden als nachahmende, als analoge be=
trachten

*) S. Ueber die musikalische Malerey. S. 37 fg.

trachten laſſen. Indeſſen können Sie die Erweiterung des Auges auch als abſichtlich deuten: denn die Seele mögte von dem Gegenſtande, der hier als groß und als ſichtbar voraus-
geſezt wird, gerne ſo viel Lichtſtrahlen einziehn
als möglich; auch iſt die unbewegliche Richtung des Auges auf den Gegenſtand abſichtlich; denn nur durch das Auge kann die Seele
ſich mit dem Erkenntniſſe deſſelben ſättigen.
Das Ausbreiten der Arme findet faſt nur in
dem erſten Augenblicke, bey dem erſten

Attonitis metiri oculis

Statt, wie es Claudian nennt *); da nehmlich, wo die Seele noch mehr den Gegenſtand
erſt zu faſſen, in die Gewalt zu bekommen
ſtrebt, als daß ſie ihn ſchon genöſſe. So bald
dieſer erſte Augenblick der Begierde vorüber iſt,
ſinken die Arme allmählig am Körper nieder.
Anders iſt das Gebehrdenſpiel bey Bewunderung

*) In ſecund. Conſulat. Stilich. v. 70.

K

rung des Erhabnen; eine Nüance, die Le
Brun nicht bemerkt: denn hier sind Haupt
und Körper, der Absicht gemäß, ein wenig
zurükgebogen, das offne Auge in die Höhe gerichtet, und durch eine mit dem analogen Ausdruk der Empfindung hier gleichfalls zusam-
menfallende Malerey erhebt sich die ganze Figur des Menschen; doch ist sie übrigens mit
Füßen, Händen, Gesichtszügen in Ruhe.
Oder wenn sich im Anfange die Hand bewegt;
so wird sie nun nicht mehr, wie bey Bewunderung des Großen, vorwärts ausgestrekt,
sondern erhoben. (Fig. 14) Wo es unge-
meine körperliche Kräfte sind, die wir bewundern; da gerathen unsre eignen ähnlichen
Kräfte, durch die anschauliche Vorstellung von
jenen, in eine Art von Bewegung, von Unruh, u. s. w. — Das Erstaunen, welches
bloß ein höherer Grad der Bewunderung ist,
unterscheidet sich in seinem Ausdrucke durch
nichts, als durch Verstärkung, Erhöhung
aller

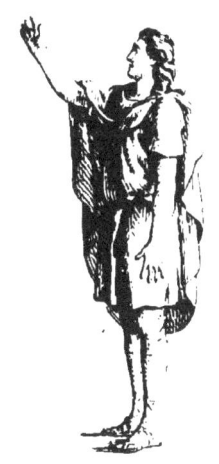

aller angegebenen Züge, durch den weiter ge=
öffneten Mund, das stierere Auge, die mehr in
die Höhe gezogenen Augenbraunen, den ge=
haltenern Odem, der hier zugleich mit dem Ge=
danken vor dem sich plözlich darbietenden in=
teressanten Gegenstande stillsteht.

Ein unserer Erwartung widersprechender
Erfolg; eine Sache oder Eräugnis, die,
unsrer vorgefaßten Meynung nach, so nicht
hätte ausfallen sollen, wie wir sie finden, er=
zeugt Verwunderung; eine Empfindung, die
da, wo der Contrast zwischen Sache und
Idee zum Nachtheil der erstern gereicht, sich
gerne durch ein kleines spöttisches, oder nach=
dem der Fall ist, unmuthiges Lächeln äussert.
Ein charakteristischer Ausdruk dieser Verwunde=
rung, wo sie keinen sehr interessanten Gegenstand
hat und nicht andre Affekten sich zu ihr gesel=
len, ist ein gewisses Schütteln oder Wiegen
des Hauptes, das ich Ihnen nicht zu beschrei=

K 2   ben

ben weiß: es ist von dem, womit man einen
Gedanken verwirft, ihn verneint, oder womit
man Unwillen ausdruft, verschieden; es ist
langsamer, gleichförmiger, sanfter, anhalten=
der; es ist, mit einem Worte, das Hauptschüt=
teln, das ich von Ihnen selbst befürchten müß=
te, wenn ich die Erklärung davon versuchte.
Sie würden Faktum und Erklärung nicht recht
zusammenzubringen wissen; denn da ich den
wahren Grund des Ausdrufs nicht sicher ange=
ben kann, so würd ich etwas hinschwaßen, was
vielleicht wißig, aber nach Ihrer bessern Em=
pfindung auch weiter nichts, als wißig, wäre.
Das Hauptschütteln bey der Verneinung, und
eben so das Nicken bey der Bejahung, mögte sich
besser erklären lassen. Jenes scheint die Ent=
fernung, das Wegwenden von einer Idee;
dieses das Hinneigen, den Beytritt zu dersel=
ben zu bezeichnen: eine Metapher, die in den
griechischen und lateinischen Wörtern:: προσ-
νευω, απονευω, adnuo, abnuo, deutlich aus=
gedruft

gedruft und ſo natürlich iſt, daß Nigidius *),
ohne ſie weiter zu erklären, ſie bloß als ſpre=
chend und bedeutungsvoll anführt. Hieraus
erkennen Sie denn auch, warum man bey einer
Ueberlegung, wo man zum Beyfall geneigt iſt,
das Haupt mehrmalen vorwärts gegen den
Sprechenden hin, und wo man zum Zweifel ge=
neigt iſt, es mehrmalen ſeitwärts und von ihm
wegbewegt; eine Richtung, welcher dann gern
auch die Augen folgen.

Ich laſſe hiemit die Verwunderung und
laſſe überhaupt die Affekten des Verſtandes

K 3 ſah=

*) Apud Gellium in Noct. Attic. Ed. Conr. T.
II. p. 13. Quum adnuimus & abnuimus,
motus quidam ille vel capitis vel oculorum
a natura rei, quam ſignificat, non abhorret. —
Schade, daß der alte Grammatifer, der man=
che ſeine philoſophiſche Bemerkung über die
Sprache ſcheint gemacht zu haben, auf dieſen
Gegenſtand nur ſo gelegentlich kommt, oder daß
uns Gellius weiter nichts von ihm anführt!

fahren; um so mehr, da sich an sie fast immer,
wenn auch nur schwächere, Affekten des Her=
zens anhängen, und sich also ihr Ausdruk innig
mit dem Ausdruk von diesen vermischt. In mei=
nem nächsten Briefe gehe ich zu dem Gebehr=
denspiel dieser interessantern Art von Affekten
über, wo wir nehmlich nicht in die Vorstel=
lung eines Objekts allein vertieft sind, son=
dern sich die Vorstellung Unser selbst, unsrer
Vortheile oder Bedürfnisse, mehr oder weni=
ger mit hineinmengt.

Drey=

Dreyzehnter Brief.

Hubert erzehlt beym Shakespeare dem König Johann *), wie bestürzt das brittische Volk über den Tod des jungen Arthurs ist, und wie man von nichts, als von ihm oder von der Landung eines mächtigen französischen Heers spricht. „Ich sah einen Schmidt, sagt „er, der so mit seinem Hammer dastand, in= „deß sein Eisen auf dem Ambos kalt ward, „und der mit offnem Munde die Erzehlung eines „Schneiders verschlang, der, seine Elle und „Maaß in der Hand, in Pantoffeln, die er in „der Eile auf den unrechten Fuß gezogen hat= „te, von viel tausend tapfern Franzosen erzehl= „te, die in Kent schon in voller Schlachtord= „nung stünden.“ (Fig. 15) Dieses Bewe= gungslose, diese unverrükte Stellung des

K 4   Schmidts,

*) S. König Johann, 4. Aufz. 5. Auftr.

Schmidts, der so ganz die Attitude des Augenbliks beybehält, in welcher ihn das Erstaunen überfiel, ist ein so einleuchtend wahrer, so natürlicher Zug! Die ganze Vorstellungskraft wird von einem einzigen Gegenstande plözlich gefesselt; es bleibt der Seele kein Gedanke für irgend etwas anders, also auch nicht für eine willkührliche Veränderung der Lage des Körpers, übrig: und so muß denn auf einmal der Mensch, in der ganzen Verfassung, worinn er war, wie eine Seelenlose Maschine dastehn. Man hat ein Blatt in schwarzer Kunst, welches die gedachte Hubertsche Erzehlung gar nicht übel vorstellt; ich kann aber nicht mehr sagen: von welchem Meister? — Diese Anmerkung noch als einen Nachtrag zum Vorigen; jezt nun weiter auf unsrem Wege! —

Es ist ganz gleichgültig, welche Art von Affekten wir zuerst in Betrachtung ziehen; ob die Begierde, die nach Veränderung des Zustan-

standes strebt, oder das Anschauen, das den
wirklichen Zustand, so wie er ist, betrach=
tet, ihn genießt, ihn durchdenkt. — Lassen
Sie uns den Anfang von den verschiednen
Arten der Begierde machen!

Die Moralphilosophen setzen der Begierde
den Abscheu entgegen; allein, nach der allge=
meinen Bedeutung des Worts, die ich im Vo=
rigen annahm, ist der Abscheu unter der Be=
gierde begriffen: auch er strebt aus der jetzigen
Lage in eine beßre. Wir haben demnach eine
zwiefache Art von Begierde zu unterscheiden:
die eine sucht Vereinigung mit einem Gute;
die andre Trennung von einem Uebel. Diese
leztere Begierde ist wieder zwiefach: denn wir
suchen entweder Uns, oder wir suchen das
Uebel zu entfernen; wir denken entweder auf
Flucht oder auf Angriff. Da der Ausdruck
in allen diesen Fällen merklich verschieden ist;
so setzen wir sogleich dreyerley Arten von Be-

gier=

gierde fest: die eine nähert sich zum Genuß; die andre entfernt sich zur Rettung; die dritte nähert sich wieder, aber zur Wegräumung, Zerstöhrung. Es versteht sich, daß alle diese Begierden unnennbar mannichfaltige Modifikationen leiden und durch unzählich viel Stufen gehn, wo man ihnen oft den Namen der Affekten kaum mehr einräumen wird. Sie besonders, der Sie ja Spinozist genug sind, daß Sie mir nicht einmal die Bewundrung für einen wahren Affekt wollen gelten lassen! *)

Eine der merkwürdigsten Modifikationen der Begierde ist die, wo der Mensch eine Unbehäglichkeit, einen Mangel, eine Beklemmung fühlt, ohne daß er die Ursache zum Bewußtseyn bringen kann; mit andern Worten: wo er nur überhaupt eine Sehnsucht fühlt, ohne daß er den Gegenstand davon wüßte. Dieß ist der Fall mit Melida in dem vortreflichen

Ersten

*) S. Bened. a Spin. Eth. no. 335.

Erſten Schiffer von Geßner. Es iſt eine Krankheit, die man nicht nennen kann; deren beſtimmten Siß man nicht weiß. Zuweilen kennt man wohl im Allgemeinen den Gegen-ſtand; nur in Anſehung des Individuums, das man wählen ſoll, iſt man unſchlüſſig: oder man kennt auch wohl ganz beſtimmt dieſes In-dividuum: nur ſieht man die Mittel nicht ab, wie man ſeine Begierde darnach befriedigen könne. So der erſte Schiffer ſelbſt, dem von ſeinem wunderbaren Traume her das Bild je-nes reizenden Mädgens ſchon ganz lebhaft vor der Phantaſie ſchwebt, der aber noch keine Möglichkeit ſieht, die Inſel, wo ſie wohnt, zu erreichen. Es iſt eine bekannte Krankheit, ge-gen die es an Arzeneymitteln fehlt. — Sie ſehn in dieſen beyden Fällen eine ungewiſſe, vage, nach Gegenſtand oder Mitteln umher-ſuchende Begierde. Das Spiel derſelben können Sie ſchon aus dem ſchlieſſen, was ich über den Ausdruk in ähnlichen Situationen des

Ver-

Verstandes sagte. Es ist dem Zustande des
Gemüths, in seiner Verwirrung, in seiner
mannichfaltigen Abänderung entsprechend; der
Mensch wirft sich umher, dreht sich hin und
wieder, greift mit den Händen hierhin und
dorthin, reibt sie, läuft in allerhand Richtun=
gen auf und ab: kurz, er macht die Menge Be=
wegungen; aber keine hält an, keine verräth
eine feste, bestimmte Absicht. Nur im Allge=
meinen erkennt man, daß er nach irgend et=
was sich sehnt, vor irgend einem Uebel, irgend
wohin, sich retten, an irgend etwas, auf ir=
gend eine Art, seine Wut, seine Rachgier aus=
lassen mögte.

Eine andre Modifikation von Seiten des
Objekts ist die: wo das, was wir begehren
oder verabscheuen, womit wir uns vereinigen,
oder wovon wir uns losreißen wollen, etwas
in uns selbst, eine angenehme oder widrige,
geliebte oder gehaßte Idee ist. Auch hier hat
das

das Gebehrdenspiel sein Besondres, sein Eig=
nes. Wenn der geistliche, mit Mutterwehen
gebohrne, Sohn einer Bourignon nach dem
innern Lichte, nach der nähern Geheimnisvol=
len Vereinigung mit Gott ringt; so wird sein
Spiel das in sich Gekehrte, das vom Irdi=
schen Abgezogene in Minen und Bewegungen
malen. Die Hände werden sich in einander
falten und halb oder ganz verwandt gegen den
obern Theil der Brust zurükziehn; die Spißen
der Ellbogen werden herausgedrükt und um so
mehr herausgedrükt werden, je heißer, je An=
dachtsvoller der Trieb ist; der Augapfel wird
sich, in die Höhe gerichtet, hinter dem Liede
verbergen und wenig mehr als das Weiße er=
kennen lassen. (Fig. 16.) — Der von einer
nagenden unerträglichen Idee verfolgte Un=
glüfliche sucht, um ihrer los zu werden, Zer=
streuungen allerley Art; er geht, er blift um=
her, er nimmt dieß vor, nimmt jenes vor,
reibt die Stirne, als ob er den widrigen Ge=
dan=

danken in seinem Gedächtnisse verwischen, un-
leserlich machen wollte. So Otto von
Wittelsbach bey den Worten: Still! still!
still! *), wo der Schauspieler, der ihn hier
mit so vielem Beyfall ausführte, nicht bloß ein
paar Schritte umhergieng und die Stirne
rieb, sondern sich auch, mit richtiger Beurthei=
lung, ein paar gelinde Stöße gegen die Stir=
ne gab, weil hier die schmerzvolle Erinnerung
des Vergangnen so innig mit Reue, mit Zorn
gegen sich selbst vermischt ist. Denn wo der
Mensch in seiner eigenen Thorheit die Ursache
seines Verderbens findet; da übt er gleichsam an
sich selbst seine Rache, fällt sich in sein eigenes
Haar, zerschlägt sich, wie Kleopatra an
Antonius Grabmal **), die Brust, zerfleischt
und verstümmelt, wie Oedip, seinen eigenen
Kör=

*) Fünfter Akt, zweyter Auftritt.
**) S. Plutarch im Leben des Antonius. Gegen
    das Ende.

Körper. — Ich weiß nicht, ob es in den Zwillingen von Klinger ein natürliches Spiel ist, daß Guelpho den Spiegel zerschlägt, der ihm an seiner Stirne das Zeichen des Bruder= mords zeigt. *) Innere Gewissensangst, deucht mir, ist gegen alles Aeussere friedfertig; was sie angreift, ist lediglich der Geängstigte selbst; sonst fürchtet sie Alles, flieht und zittert, wie ein gescheuchtes Reh, vor jed.m fallenden Blatt, jedem Lüftchen. Kains so wahre Rede: Soll ich meines Bruders Hüter seyn? ist freylich Trotz; aber wer erkennt nicht, auf den ersten Blick, das Falsche, das Erkünstelte dieses Trotzes? Wer würde nicht, wenn er die Stelle deklamiren sollte, alle die zitternde Furcht in die Stimme legen, die sich in den Worten selbst so gerne verläugnen mögte?

Eine dritte Modifikation ist die, wo das Objekt zwar ausser dem Menschen, aber etwas Un=

*) Vierter Akt, vierter Auftritt.

Unsinnliches und so etwas Unsinnliches ist, dessen Gewährung nicht von dem freyen Willen irgend eines sichtbaren Wesens abhängt; zu dessen Erreichung man sich an keinen äussern, keinen bestimmten Gegenstand wenden kann. So z. B. der Trieb nach Ehre; denn Ehre ist weiter nichts, als die Meynung der Menschen von unsern Vollkommenheiten, unsern Vorzügen: und Meynung kann weder ertroßt noch erbeten werden. Sind die Mittel zur Erreichung eines solchen Objekts äussere sinnliche Mittel; so gilt die Begierde, weil sie sich nun auf diese Mittel ableitet, in der Mimik derjenigen gleich, die einen äussern sinnlichen Gegenstand hat: sind aber auch sie unsinnlich, so hat man die innerlich strebende Begierde, über deren Erscheinungen ich in meinem Vorlezten einen Versuch geliefert. Der ehrgeizige Held und der ehrgeizige Denker mögen meine Meynung erklären. Jener ergreift, zur Erlangung seines unsinnlichen Gutes, sinnliche Mittel;

Mittel; er ſtürzt in den Feind, klettert auf be=
feſtigte Höhen, greift nach der rühmlichen
Spolie einer Fahne, ſtößt wütend, was ihn
hindern will, vor ſich nieder. Dieſer, der
Denker, ſpannt nicht die Muskeln des Kör=
pers, ſondern, wie es Haller nennt, die Seh=
nen der Seele an; Alles, was er zu erreichen
oder zu entfernen hat, iſt innerlich in ihm ſelbſt,
in ſeinem Gehirne; es iſt Idee, iſt Erkenntnis.

Laſſen Sie mich jezt aller dieſer Modifika=
tionen der Begierde vergeſſen und künftig bloß
auf diejenige ſehn, die einen beſtimmten ſinn=
lichen oder doch als ſinnlich angenommenen
Gegenſtand hat. — Es giebt in dem Spiel
jeder Art von Begierde etwas Eignes und Un=
terſcheidendes; es giebt aber auch in dem Spie=
le Aller etwas Gemeinſchaftliches: und dieſes
Leztere mag der erſte Gegenſtand unſrer Be=
trachtung werden.

L   Vier=

Vierzehnter Brief.

Ich bin zu friedfertig, mein Freund, um über eine Kleinigkeit einen Krieg zu erregen: es macht Ihnen Vergnügen, einen Spiegel zerschlagen zu sehn, und so werd er immer zer= schlagen! Ihr Gedanke, daß Guelpho nicht so eigentlich den Spiegel, als vielmehr in dem Spiegel sich selbst, zertrümmre, hat wirklich viel Schein: aber doch deucht mir noch immer, daß ein Mensch in seiner Lage nicht mit dieser Heftigkeit ausser sich wirken sollte. Meiner Empfindung nach, müßt er mit Abscheu von dem Spiegel zurükfahren, und wenn er ihn ja zerbräche, ihn nur zufälliger Weise, durch das jähe Vorwerfen der Hand, nicht mit Gebehr= den des Zorns, sondern der Angst, zerbre= chen. So vielleicht hat es auch der Verfasser gewollt; allein die Schauspieler, die sich in

den

den heftigſten, gewaltſamſten Bewegungen
immer am meiſten gefallen, pflegen es anders
zu nehmen; ſie ſchlagen gern mit voller Fauſt
darauf zu. — Das mag denn auch meinetwegen ſo recht ſeyn, wenn Sie mir nur erlau=
ben, weiter zu gehen. —

Das erſte Gemeinſchaftliche, was ſich in
dem Spiel aller nach äuſſern beſtimmten Ge=
genſtänden hin= oder von ihnen zurükſtreben-
den Begierden findet, iſt die ſchiefe Lage
des Körpers. Nähert ſich die Begierde
dem Gegenſtande, es ſey nun um ihn zu be-
ſißen oder ihn anzugreifen; ſo liegt Haupt und
Bruſt und überhaupt der ganze obere Körper
vor; nicht nur, weil die Füße alsdann um ſo
ſchneller nacheilen können, ſondern auch, weil
der Menſch dieſe Theile am leichteſten in Be=
wegung ſezt und alſo mit ihnen ſeinen Trieb
zuerſt zu befriedigen ſtrebt. Fährt der Abſcheu,
die Furcht vor dem Gegenſtande zurük; ſo

beugt

beugt sich der obere Körper rükwärts über, ehe sich noch die Füße in volle Bewegung gesezt haben. Bey starken, plözlichen Affekten ge‐ schieht dieses oft mit solcher Hitze und Ueber‐ eilung, daß der Mensch aus dem Gleichge‐ wicht kommt, und, wo nicht fällt, wenigstens stolpert. Der heuchlerische Tiber, dem alle Demüthigungen zuwider waren, fuhr einst vor einem Senator, der ihm in einer sehr kriechen‐ den Stellung — Gott weiß, welchen Fehler? abbat, mit einem Schrecken zurük, daß er überschlug und zur Erde stürzte. *)

Eine zweyte Bemerkung, die Sie bey je‐ der lebhaften Begierde werden bestättigt fin‐ den, ist die: daß sie immer die gerade Linie auf

*) Sueton. in Tiber. c. 27. Adulationes adeo aversatus est, ut neminem senatorum, aut officii aut negotii caussa, ad lecticam suam admiserit, consularem vero, satisfacientem sibi ac per genua orare conantem, *ita suffu‐ gerit, ut caderet supinus.*

auf den Gegenstand zu oder von ihm zurük=
nimmt. Die Ursache ist klar; denn die Be=
gierde will sich mit dem Gegenstande so schnell
vereinigen oder so geschwinde von ihm ge=
trennt seyn, als möglich: und unter allen Li=
nien, die von einem Punkte zum andern füh=
ren, ist die gerade die kürzeste. Daher wird
der Mensch, der sein Auge unverwandt nur
auf den Gegenstand seines Bestrebens heftet
und Alles, was zwischen ihm und diesem Ge=
genstande inne liegt, unbeachtet läßt, die frey=
ern ofnern Wege verschmähen; er wird sich lie=
ber, mit vorgestemmtem Ellbogen, durch den
dichtesten Haufen durcharbeiten, als daß er
mit einer geringen Ausbeugung schneller und
Gefahrloser zum Ziele ginge. Aegisth, der
den Tod seines Vaters an dem Tyrannen Po=
lyphont rächen und die Verbindung dessel=
ben mit seiner Mutter hindern will, stürmt, in
Gotters Merope, durch Wachen und Volk
und Priester bis zum Opfer seiner Rache

L 3   hin=

hindurch: *) Eben so wird die heftige Furcht
nicht erst den Körper wenden, eh sie zurüktritt;
in gerader Linie wird der Fuß hinten ausgreifen und oft mehrere Schritte hinter einander
in der nehmlichen Richtung zurüktaumeln;
besonders dann, wann der Mensch den gefürch-
teten Gegenstand gern im Auge behalten will,
um die ganze Gefahr zu ermessen und nach
Beschaffenheit der Umstände die Richtung der
Flucht zu verändern. So flieht Arsene vor
dem scheußlichen Ungeheuer, das im lezten Akt
über die Bühne kriecht, ohne Wendung des
Körpers gerade zurük: und so muß überhaupt,
bey heftigerm Schrecken, auch wo sich der Körper wendet, dieses Wenden mitten im Zurüktreten geschehen, oder der Ausdruk wird matt
und kraftlos. Auch die heftigere Rach- oder
Genußbegierde, wenn sie hinterwärts plözlich
ein Geräusch hört, welches ihr die Gegenwart
des

*) Fünfter Akt, fünfter Auftritt.

des gewünschten Gegenstandes ankündigt, wird
den Körper nie anders, als mitten im Zurük-
schreiten, herumdrehn. Fehler hiegegen begehen sehr oft unsre Schauspielerinnen, weil die
lange Schleppe ihrer Kleider sie bey dem ge-
ringsten Zurüktreten in Gefahr sezt, auf die
für Frauenzimmer unanständigste Art zu fallen.
Indessen überrascht sie zuweilen das wahre Gefühl der auszudruckenden Leidenschaft; die
Füße gerathen in die Falten des auf dem Boden schwimmenden Gewandes: und dann
müssen die Hände, die vielleicht eben eine der
schönsten Reden begleiten und unterstützen sollten, sich zu der demüthigen Zofenarbeit be-
quemen, daß sie das Gewand zurükschlagen
und die Falten wieder in Ordnung bringen.
Ich bin Freund von Allem, was ein Frauenzimmer — versteht sich: ein von Natur nicht
häßliches — puzt; ich bin noch größerer Freund
von einem richtigen wohl beobachteten Costu-
me: aber einmal ist doch die wesentlichste erste

L 4   Regel

Regel der Kunst, von welcher nie die Ausnahme gemacht werden sollte, Wahrheit des Ausdruks; und so wünscht ich, daß bey jeder Af-
fektvollen Rolle die Schauspielerinnen jene un-
erschöpfliche Erfindsamkeit, womit sie fast alle
Theile ihrer Kleidung immer so anders, und
doch immer so reizend, zu ordnen wissen, auch
auf die Schleppe anwenden mögten. Was
weiß ichs, ob und wie und wo der unnütze
Zierrath sich stecken, schürzen, heften, schlingen, auf= oder überschlagen ließe? aber daß
es gut wäre, wenn irgend etwas von diesem
Allen geschehen könnte; das weiß ich.

Noch ein Drittes, was ich über das Spiel
der Begierden im Allgemeinen zu bemerken
finde, ist die Abänderung desselben nach Maß-
gabe der bestimmten Lage, des bestimmten
Verhältnisses, in welchem der Begehrende und
der Gegenstand der Begierde oder des Ab-
scheus gegen einander stehen. Ich weiß nicht,
ob

ob es an mir oder an der Sache liegt, daß ich
meine Meynung nur so dunkel ausdrucke: ein
paar Beyspiele indessen, von jeder Art der
Begierde hergenommen, werden sie deutlicher
machen.

Lassen Sie also zuerst den Gegenstand von
der Beschaffenheit seyn, daß er mehr von dem
einen oder mehr von dem andern Sinne kann
gefaßt und genossen werden, und Sie sehen
sogleich, daß die Absicht ihn zu fassen und zu
genießen eine sehr verschiedne Stellung her=
vorbringe. Der Horcher (Fig. 22) wird dem
Kopfe eine ganz andere Wendung, dem übrigen Körper eine ganz andre Lage, als der
neugierige Gaffer, geben: bey jenem wird
alles mehr seitwärts hängen, bey diesem alles
mehr vorwärts, gerade auf den Gegenstand zu.
— Lassen Sie ferner den Gegenstand der Be=
gierde einen erhabnern, den Begehrenden einen niedrigern Platz einnehmen; oder welches

L 5   hier

hier gleich iſt, laſſen Sie jenen der Perſon
nach beträchlich größer als dieſen ſeyn, und
kehren Sie dann in Gedanken das Verhältnis geſchwinde um: ſo wird abermals in
Ihrer Phantaſie ein zwiefaches ſehr verſchied=
nes Bild entſtehen. Wenn der Knabe auf den
Arm der Mutter hinanſtrebt, ſo tritt er auf die
Spitzen der Zähen, ſtrekt ſeine ganze Figur in
die Höhe, ſpannt alle Muskeln und erhebt die
Arme über das zurükgebogene Haupt; (Fig. 17.)
wenn die Mutter nach dem Knaben verlangt,
ſo beugt ſie den obern Körper, vielleicht auch
das Knie, und ſenkt ihre beyden Arme lockend
gegen den kleinen Liebling nieder. (Fig. 18))
— Gleich verſchieden iſt, bey der Nachbegier=
de, die Stellung Jaſons, der mit gezüftem
Schwerte gegen den Drachenwagen hinan=
droht, und die Stellung Medeens, die von
ihrer ſichern Höhe herab den Dolch, an dem noch
das Blut ihrer Kinder klebt, mit den ſchrek=
lichen Worten gegen ihn niederſchmettert::

Geh)

Geh und begrabe sie! *) — Von der zurük=
strebenden Begierde hat es schon Unzer be=
merkt, wie ungemein die Bewegungen dersel=
ben verschieden sind, nachdem man mehr für
diesen oder mehr für jenen Theil des Körpers
besorgt ist. „Wer durch den Umsturz eines
„Hauses, sagt er, umzukommen fürchtet, der
„entflieht durch den Rettungstrieb, aber mit
„niedergebüktem oder von den Händen bedek=
„tem Haupte; . . . hingegen bedekt der, der
„von einem Degen durchbohrt zu werden fürch=
„tet, die Brust.“ **) Wenn Sie sich Apollo
auf einer Wolke denken, wie er mit dem ver=
derblichen Pfeil auf die Brust eines Kindes
der Niobe zielt; so entsteht aus der Verei=
nigung beyder Attituden eine dritte: das
Haupt

*) Medea, zehnter Auftritt. Eigentlich Worte
des Euripides Act. V. v. 1394, wo sie noch
bittrer von der Braut gesagt werden:

Στειχε προς οικυς και θαπτ᾽ αλοχυν.

*) S. Erste Gründe einer Physiologie §. 315.

Haupt und der ganze Körper beugt sich, weil
die Gefahr von oben kommt; das Auge blickt
ängstlichflehend nach dem Gott hinauf und die
Brust wird bedekt. (F. 19) — Man könnte
Beobachtungen dieser Art bis ins Unendliche
häufen. Wer eine zu heftige Erschütterung
der Sehnerven durch einen Blitzstrahl, oder
auch einen eckelhaften, Schamwürdigen, schreklichen Anblik fürchtet; der verschließt im Wegwenden die Augen, oder bedekt sie auch mit
vorgeschlagener Hand: hingegen wer den er-
schütternden Ton des Donners oder sonst einen
widrigen Eindruk durchs Gehör, eine schnei-
dende Disharmonie, eine schändliche Gottes-
lästerliche Rede fürchtet, der bedekt sich im
Wegwenden die Ohren; wer weder Blitz noch
Donner ertragen kann, der fährt mit dem
Kopf in ein Bette, um beyde Sinne zugleich
zu verwahren. — Wiederum fliehet der, der
einem von unten kommenden Uebel, wie z. B.
einer giftigen zischenden Schlange ausweicht,

mit

mit weit in die Höhe gezogenen Beinen; hingegen wer gerade über seinem Haupt eine Gefahr sieht und alles Entfliehen vergeblich glaubt, der drükt sich mit dem ganzen Körper zitternd nieder; gleich der Lerche, die beym Anblik des über ihr kreisenden Stoßvogels senkrecht in die Furche hinabfährt. Und so überhaupt wird, nach Verschiedenheit der Umstände, das absichtliche Spiel der Begierden auf unendlich mannichfaltige Art verändert.

So viel ich bis jezt Beobachtungen übersehe, find ich noch keine mehrern Punkte, in welchen die drey Arten von Begierde mit einander zusammenträfen. Vielleicht, wenn ich nunmehr jede derselben einzeln betrachte, daß sich in der Folge noch mehrere dergleichen auffinden lassen. Den Anfang wollen wir, da hier abermals die Ordnung gleichgültig ist, mit der annähernden Begierde machen.

Funf=

Funfzehnter Brief.

Die Verschiedenheiten im Spiel der annä=
hernden Begierde, deren ich in der lezten An=
merkung meines vorigen Briefs erwähnte, ha=
ben ihren Grund ganz sichtbar in dem verschied=
nen Verhältnis des Begehrenden gegen das
Begehrte. Eine der allgemeinen Regeln für
dieses Spiel ist: daß allemal dasjenige Werk=
zeug, welches den Gegenstand allein oder doch
vorzüglich fassen kann, an dem Körper vorge=
streft wird: bey dem Horcher das Ohr, bey
dem witternden Wilden die Nase, und wenn
der Gegenstand im eigentlichen Verstande kann
gefaßt, ergriffen werden, vorzüglich die Hän=
de; obgleich diese in der That beym Ausdruk
keiner nur etwas lebhaftern Begierde müssig
bleiben, sondern immer gerne voran sind.
Diese Hände sind allemal offen und gerade aus=

ge=

geſtrekt; flach, wo ſie hinnehmen, verwandt,
wo ſie an ſich reiſſen, oder ergreifen wollen; der
Schritt iſt lebhaft und feſt, doch nicht ſo heftig
und ſchwer, wie im Zorne. Zu dieſen abſichtlichen Veränderungen kommen die phyſiologi-
ſchen: daß auch die ſämmtlichen innern Kräfte des Menſchen ſich gewiſſermaßen nach auf-
ſen drängen; daß die Augen mehr oder weniger voll Licht, die Muskeln voll Kraft, die
Wangen voll Blut ſind; und dann noch die der
Seelenfaſſung analogen: daß der Schritt
ſchneller oder langſamer iſt, die Arme und
Füße bald weiter bald gemäßigter ausgreifen,
der Körper mehr oder weniger von dem geraden
Stande abweicht: denn wie ich ſchon einmal
erinnert, ſo legt ſich heftige Begierde oft bis
zum Stürzen vor, da ſich ſchwache Begierde
nur ſanft, nur um ein Weniges hinneigt.

Das Merkwürdigſte in dem Spiel dieſer
Begierde iſt die Synergie der Kräfte, das ge-
mein-

meinſchaftliche Erwachen aller, auch wo ſie
die Seele zu einem Dienſte aufruft, den nur
eine derſelben ihr leiſten kann. Bey dem rei=
nen, von aller Begierde unvermiſchten, An=
ſchauen iſt dieſes anders; hier ſcheint die Seele
ausdrüklich alle übrigen Kräfte gleichſam ein=
zuſchläfern, um ihre geheime Wohlluſt deſto
ruhiger mit der einen zu pflegen, die eben jezt
den meiſten Reiz, das meiſte Anziehende für
ſie hat. — Nehmen Sie, zu deſto beſſrer Ein=
ſicht in dieſe Verſchiedenheit, einen beſondern
Fall; nehmen Sie den durſtigen und den
wohllüſtigen Trinker; den, der ein dringen=
des Bedürfnis ſtillen, und den, der nur einen
angenehmen Nervenkißel genieſſen will. Nur
ſehen Sie, bitt ich, wenn Sie vollen, kräftigen
Ausdruk ſuchen, nicht auf die vornehmern
Stände, nicht auf die ſogenannten Leute von
Welt, von Lebensart, von Erziehung. Die
Erziehung macht den Menſchen zu einem zwie=
fachen Lügner; ſie lehrt ihn die eine Art von

Em=

Empfindungen nach ihrer wahren Stärke ver=
bergen, die andre in einer falschen Stärke er=
heucheln. Alle lebhaftern Ausdrücke eigen=
nüßiger, und eben so, alle schwächern Ausdrücke
geselliger Neigungen und Triebe, wie wahr und
angemessen sie übrigens seyn mögen, sind wi=
der den Wohlstand. Jene werden daher un=
ter aller Wahrheit niedergehalten; diese über
alle Wahrheit hinaufgeschroben. Der Pöbel,
das Kind, der Wilde, kurz der Mensch ohne
Sitten ist der wahre Gegenstand, an dem
man den Ausdruk der Leidenschaften studiren
muß, so lange man noch nicht auf seine Schön=
heit, sondern bloß auf seine Kraft, seine Rich=
tigkeit sieht. — Der wohllüstige Trinker, der
Schmecker, werden Sie finden, steht in sich
zusammengebogen da; der Schritt der Füße
ist enge; die freye Hand ist sanft, ohne Span=
nung der Muskeln, zusammengezogen und
gerne nah unter der andern, die Becher oder
Glas hält; die Augen sind klein, aber nicht so

M   ge=

geſchärſt, wie etwa bey dem auskoſtenden Kenner; zuweilen ſind ſie wohl völlig geſchloſſen,
zuſammengekniffen; der Kopf ſteft zwiſchen
den Schultern; der ganze Menſch, wie es
ſcheint, iſt in der Einen Empfindung beyſammen. (Fig. 20) Ganz anders der begierige,
der durſtige Trinker: denn hier nehmen die andern Sinne alle an der Gierde Antheil; die
ſtieren Augen liegen hervor; der Schritt der
Füße iſt weit und der Körper hängt mit gerek-
tem Halſe über; die Hände ſchlingen ſich feſt
um das Gefäß, oder wenn ſie es noch nicht
halten, greifen ſie ſchon darnach, eh es erreicht iſt; die Bruſt thut ſchnellere lautere
Odemzüge, und in dem Fall, daß der Menſch
auf das Gefäß erſt zuſtürzt, iſt der Mund
offen, die lechzende ſchon einſchlurfende Zunge
erſcheint auf den Lippen. (Fig. 21) — Ich
beſchreibe Ihnen hier freylich den höchſten Grad
von Durſt, die anhelam ſitim, wie ſie Lucrez *)
nennt:

*) de Rerum Nat. L. IV. v. 873.

nennt: allein, was sich hier in seinem höch=
sten Grade zeigt, das werden Sie in gerin=
germ Maaße bey jedem schwächern Durst
und überhaupt bey jeder nach auffen gehenden
Begierde finden: jede verwickelt die sämmtlichen
äuffern Kräfte des Menschen in ihr Interesse
und ermuntert auch diejenigen, die zum Er=
langen des Gegenstandes nur wenig beytra=
gen, bey seinem künftigen Genusse nichts mit
empfinden. — Die Natur, sagt einmal Fon=
tenelle, ist nicht präcis, und dieser Ausspruch,
so paradox er scheint, ist sehr richtig.

Betrachten Sie, wenn Sie wollen, ein
andres, ein edleres Beyspiel! Denken Sie
sich Julien in Gotters und Benda's Oper,
wo sie, ihren Romeo erwartend, auf einmal
ausruft:

Horch! Ein Fußtritt! *)

M 2 was

*) Erster Akt, erster Auftritt.

was für eine Attitude, glauben Sie, wird sie
haben? — Ohne Zweifel die: daß sie das
Ohr mit dem ganzen Körper, der sich aber
nicht mehr bewegen darf, um den Schall nicht
verhören zu lassen, nach dem Orte hinbeugt,
wo dieser Schall herkommt; daß sie nur an
dieser Seite mit dem Fuße fest auftritt und den
andern auf die Spitze der Zähe schwebend
stellt; daß sie ausserdem noch den ganzen übrigen Körper in einen Zustand der Wirksamkeit
sezt. Das Auge wird weit offen seyn, als ob
es recht viele Lichtstrahlen von einem Gegenstande, der nicht da ist, auffangen wollte; die
Hand nach der Seite des Schalls hin wird sich
unfern dem Ohre erhoben zeigen, gleichsam
um den Schall mit zu häschen; die andre wird,
um des Gleichgewichts willen, niederwärts und
vom Körper abgehalten aber zugleich verwandt
erscheinen, als ob sie jede Stöhrung zurükscheuchen wollte; auch wird sich, zu desto bes-
srem Einsaugen des Schalls, der Mund um

ein

ein Weniges öffnen. (Fig. 22) Ich gerathe
auf dieses Beyspiel, weil es gerade die Stellung unsrer hiesigen liebenswürdigen Julie ist.
Was nicht gesehn, nicht gegriffen werden kann,
was sich bloß vom Ohre vernehmen läßt; das
wird das Auge doch gleichsam sehen, die Hand
berühren, darnach wird der ganze Körper sich
hinbewegen wollen. Die Seele spannt gleichsam alle ihre Netze nach allen Gegenden aus,
um des Fanges, nach welchem sie so begierig ist,
desto sicherer zu seyn. — Nehmen Sie den
entgegengesezten Fall, wo man, weniger um
zu erkennen als zu genießen, einer entfernten
angenehmen Musik zuhorcht. Hier wird der
Lauscher mit in einander geschlungenen, oder
doch sonst in eine unthätige Lage gebrachten,
Armen dastehn; die Füße nah an einander;
die ruhigen Augen enge oder wohl gar geschlossen; das Haupt oder vielleicht den ganzen
Körper ein wenig nach dem Takte bewegend.
(Fig. 23) Die Thätigkeit aller übrigen Sinne

M 3   wird

wird auch hier, so viel nur möglich, niederge-
schlagen, damit die ganze Aufmerksamkeit der
Seele sich in dem wohllüstigen Genuß des
Einen sammle. *)

Ich komme auf das absichtliche Spiel zurük, dessen ich gleich zu Anfange erwähnte.
Ursprünglich und eigentlich gehört es freylich
nur für Begierden, die zunächst auf äussre sinnliche Gegenstände gerichtet sind; allein meta-
phorisch wird es auch da angewandt, wo man
von

*) Eine besondre Bemerkung über die Begierde,
die sich in der Hemsterhuisischen Schrift vom
Verlangen findet, setz ich nicht her, weil sie zu
innig mit einer Materie zusammenhängt, die
ich gänzlich zu übergehen denke. Man sehe
Indessen, wenn man will, jene Schrift im deutschen Merkur (Windmond 1771) oder in den
jezt erschienenen Vermischten philosophischen
Schriften des Herrn Hemsterhuis, Th. 1., wo
auch der trefliche Herderische Zusatz über Liebe
und Selbstheit mit eingerükt worden.

von einem sinnlichen oder doch als sinnlich fin=
girten freyen Wesen Dinge verlangt, die sich
mit jenen Bewegungen eigentlich nicht errei=
chen lassen: Mittheilung von Ideen, morali=
sche Gesinnungen, Empfindungen, Entschlief=
sungen. Der Neugierige und der Verliebte z.B.
fordern mit eben dem hingebeugten Körper,
mit eben der offnen flachen Hand, eine Nach=
richt, eine Erklärung der Gegenliebe, womit
der Arme eine Gabe oder der Hungrige Spei=
se fordert. Sie werden, wenn Sie Acht ge=
ben, solcher metaphorischen Versinnlichungen
die Menge finden. Geben Sie einem Erzeh=
ler, der für seine Geschichte sehr interessirt ist
und volle Aufmerksamkeit will, einen auch sehr
interessirten neugierigen Zuhörer: und Sie
werden sehen, wie da einer den andern an der
Hand, am Arme, beym Knopf nimmt, wie er
ihn zieht und schüttelt und anstößt, wenn Re=
de oder Aufmerksamkeit stoft; nicht anders, als
ob er etwas Sinnliches zu sich reissen oder die

ge=

gehemmte Feder einer Maschine wieder in Gang setzen wollte. „Wer erzehlt, läßt Shakespear den Hubert in der schon angeführten Stelle sagen „nimmt den, mit dem er spricht, „bey der Hand, und wer zuhört, macht Gebehrden des Entsetzens.“ — Doch hier freylich läßt sich die Vereinigung der Hände noch durch etwas anders, durch die Noth des Vaterlandes, erklären, welche die patriotischen Mitbürger näher zusammenbringt und sie geneigt macht, alle für einen Mann zu stehen. —

Indessen unterscheidet sich doch das Spiel der Begierde, die auf Gesinnung oder Entschluß eines freyen Wesens gerichtet ist, von dem Ausdruk derjenigen, die ein bloß sinnliches Gut zum unmittelbaren Gegenstande hat: denn bey jenem sind insgemein mit den physischen Mitteln moralische vereinigt; das Spiel ist voll Bewegungsgründe, die, nach Verschiedenheit des Charakters und des gegensei-

seitigen Verhältnisses der Personen, bald in
demüthigen Minen und Stellungen bestehen,
die dem Stolze, bald in vertraulichen scherz=
haften Liebkosungen, die dem guten Herzen ge=
fallen; bald in freundlichen, unschuldigen,
süßen Minen, die das Gemüth zu sanften Be=
wegungen stimmen; bald auch in drohenden,
trotzigen, ungestümen Gebehrden, die Furcht,
oder in weinerlichen, häßlichen, die Ueberdruß
und Ekel erwecken. In dem einen Falle ist
das Vergnügen, in dem andern das Mißver=
gnügen der Reiz zum Nachgeben; dort ge=
währt man das Verlangte, um angenehme
Empfindungen zu belohnen; hier, um noch
unangenehmern zuvorzukommen.

M 5

Sech=

Sechzehnter Brief.

Eine ähnliche Regel, wie für die annähernde Begierde, gilt auch für die zurükstrebende: immer wird derjenige Theil des Körpers, welcher vorzüglich leidet oder bedroht wird, zuerst verwandt, verschlossen, zurükgezogen. Lairessens Zeichnung eines Mannes, der von einer Schlange — ich weiß nicht, ob schon gestochen ist oder erst gestochen werden soll — ist also falsch: der Mann hält den Fuß, indem er schon die Flucht nimmt, noch bey der Schlange am Boden *), da doch dieser Fuß eben

*) S. Lairesse Großes Malerbuch. Th. 1. Figuren D. zu S. 34 der deutschen Uebersetzung. — Die Kritik trift nur die Zeichnung; nicht den achtungswürdigen Künstler, der bey Erscheinung des Buchs schon seines Gesichts beraubt war.

eben so zuerst zurükfahren sollte, wie der ge=
brannte Finger vom Lichte. — Ich habe der
Beyspiele zu dieser Regel schon im vierzehnten
Briefe gegeben, und sehe hier nur noch eins
hinzu, weil es mir merkwürdig scheint: die
verschiedene Nuance nehmlich im Ausdruk des
Ekels, nachdem er mehr von dem Geruchs= oder
mehr von dem Geschmaksinn empfunden wird.
Die Bewegungen, die hier Nase und Lippen, we=
gen der genauen Verwandschaft beyder Sinne
und ihrer Organe, immer gemeinschaftlich ma=
chen, sind in beyden Fällen Bewegungen des
Zurükstrebens: nur zieht sich da, wo vorzüglich
der Geruch afficirt wird, die gekräuste Nase
mehr in die Höhe, und wo vorzüglich der Ge=
schmak afficirt wird, die breitere Unterlippe
mit dem ganzen Kinne mehr nieder, indem sich
zugleich das leztere nah an die Brust drükt.
Die Beobachtung ist, glaube ich, richtig; aber
ihre Beschreibung, wie ich im Versuch empfinde,
ist schwer: und Zeichnungen, die so unange=
nehme

nehme Bewegungen vorstellten, mögten ein
wenig häßlich und widrig werden.

In allen Fällen, wo das verabscheute Uebel
einen besondern bestimmten Ort einnimmt oder
von so einem Orte herkommt — welches nicht
immer, z. B. nicht nicht bey üblen, die ganze
Atmosphäre füllenden, Dünsten Statt findet;
— da flieht der Mensch von diesem besondern
bestimmten Orte zurük; in welcher Richtung,
mit welcher Attitude des Körpers? ist schon
gesagt. Ferner: in allen Fällen, wo man das
Uebel nicht schon bey der ersten Empfindung
seiner Natur nach völlig kennt, und nicht die
Organe, durch welche man sich die Kenntnis
desselben verschaffen könnte, selbst davon be=
droht werden, wie dieses leztere z. B. der Fall
beym Bliß ist, da gesellt sich zu dem Rettungs=
triebe die Begierde, das Uebel seiner Beschaf=
fenheit nach zu erforschen, seiner Nähe und
Größe nach zu ermessen: und endlich, in allen

Fäl=

len, wo keine völlige Unmöglichkeit einleuchtet, sich durch Wegräumung des Uebels selbst zu sichern; da gesellt sich gern noch die zweyte, wenn auch schwächere, Begierde hinzu, das Uebel von sich abzuwehren, zurükzustoßen. Die Mittel dazu lehrt die Natur nach der Schiklichkeit zum Entzwecke wählen: wer üble Dünste zerstreuen will, haucht mit dem Munde den Odem von sich oder bewegt mit hin= und her= wehender Hand die Luft; wer vor einem auf ihn eindringenden Feinde zittert, schlägt ihm, im Augenblicke des Schreckens, die verwandten Hände entgegen.

Die erstere dieser hinzukommenden Begierden hat an dem Gesichtsausdrucke der Furcht und des Schreckens einen sehr großen Antheil; denn sie reißt die Augen weit auf, um den drohenden Gegenstand zu erkennen, und wenn Sie Parsons glauben, so ist es auch sie, die den Mund öffnet, um ihn zu hö=

ren

ren *). Andre, wie Le Brun, wollen die
weite Oefnung des Mundes von der Beklem=
mung des Herzens herleiten, die das Athem=
holen

*) Human Phyſiognomy explaind. S. 60 S.
Philoſ. Tranſact. Vol. XLIV. Part I. im Sup=
plemente. — The Reaſon, why the Eyes and
Mouth are ſuddenly opend in Frights, ſeems
to be, that the Object of Danger may be
the better perceived and avoided; as if Nature intended to lay open all the Inlets to
the Senſes for the Safety of the Animal; the
Eyes, that they may ſee their Danger, and
the Mouth, which is in this Caſe an Aſſi-
ſtant to the Ears, that they may hear it.
This may perhaps ſurpriſe ſome, that the
Mouth ſhould be neceſſary to hear by; but
it is a common thing, to ſee Men, whoſe
Hearing is not very good, open their
Mouths with Attention, when they liſten,
and it is ſome Help to them: The Reaſon
is, that there is a Paſſage from the *Meatus
auditorius*, which opens into the Mouth.
Thus we ſee, how ready Nature is, upon
any Emergency, to lay hold of every Occa-
ſion for Self-Preſervation.

holen beſchwerlicher macht *). Es iſt mir
gleich, welche von beyden Erklärungen Sie an=
nehmen; indeſſen hat die Parſonsſche darinn
einen Vorzug, daß ſie beyde Erſcheinungen auf
Ein gemeinſchaftliches Principium zurükführt,
und ich meines Theils bin ihr auch darum gewog=
ner, weil ich gerne alle Gebehrden, ſo viel nur
möglich, aus der dunklern Gegend der phyſio=
logiſchen in die hellere der abſichtlichen herüber=
gezogen wünſchte. Genug indeſſen, daß der
Trieb, die Gefahr zu erkennen und zu ermeſ=
ſen, ſich faſt immer, aus ſehr begreiflichen Ur=
ſachen, zum Rettungstriebe geſellt, und daß er
auch da noch fortwirkt, wo der Menſch ſchon
längſt mit gewandtem Rücken und vorwärts
weggehaltenen Händen die Flucht nimmt. Iſt
der gefürchtete Gegenſtand ſichtbar; ſo ſchielt
man ohne Unterlaß über die Schulter zurük:
iſt er hörbar; ſo hält man im Fliehen das Ohr
nach der Gegend hin, wo er herkam. Daher
hat

*) Am angef. Orte. S. 17.

hat auch Lairesse die verwandten Figuren,
die er von Furcht und Schrecken gezeichnet,
ganz recht zurükblicken lassen; nur daß,
meiner Meynung nach, die lezte gebükte Figur, die vor einem Blißstrahl zusammenfährt,
lieber die Augen hätte schliessen und den Kopf
nicht zurükwenden sollen. Allenfalls hätte mit
der einen Hand das Gesicht können bedekt,
und die andre, in der Verwirrung des
Schreckens, dem Bliß können entgegengewor-
fen werden (Fig. 24. 25).

Die zweyte mit dem Rettungstriebe so
gern verbundene Begierde, das Uebel abzuwehren, zurükzustoßen, äussert sich überall, wo
das Uebel gegenwärtig ist und die Furcht
den Menschen nicht schon gänzlich über-
wältigt, nicht schon alle seine Nerven
völlig abgespannt hat; vorzüglich äussert
sie sich bey versperrter Flucht oder da, wo
das Uebel schon so nahe an ihm ist, wie

die

125.

die umwindende Schlange am Laokoon, der

— simul manibus tendit divellere nodos,
Perfusus fanie vittas atroque veneno,
Clamores simul horrendos ad sidera
tollit *);

ferner im ersten zurükstarrenden Schrecken, wo man oft die Gefahr, eben weil sie plözlich entsteht, noch nicht völlig kennt und ungewiß bleibt, ob man fliehen oder angreifen solle? Das Schrecken, deucht mir, ist in seinen ersten Augenblicken, wo ihm diese Benennung am meisten zukommt, nicht selten eine Mischung von Erstaunen, Furcht und Zorn; wenigstens findet sich in den Symptomen derselben oft von allen diesen drey Affekten etwas: die Furcht starrt zurük und zeichnet die Wangen mit Bläsfe; das Erstaunen verweilt einen Augenblick in dieser zurükstarrenden Attitüde; beyde reissen Au=

*) Virgil. Aneid. L. II. v. 220-222.

N

Augen und Lippen weit auf; und der Zorn endlich wirft die Arme mit Heftigkeit der Gefahr entgegen. Das lezte freylich nicht immer; denn wo das Uebel sich auf einmal zu furchtbar, zu groß zeigt, da ist die Zeichnung des Lairesse, der die ausgestrekten Arme sich mehr in die Höhe retten, als dem Uebel nach unten entgegenstemmen läßt, völlig richtig. — Ich denke so eben, ob nicht die große Schädlichkeit dieses Affekts, der unter allen für die Gesundheit der zerstörendste ist, sich aus dem Kampfe so widerwärtiger Bewegungen eben sowohl, als aus der Schnelligkeit und Gewaltsamkeit derselben, sollte erklären lassen?

Sie fragen in Ihrem Briefe: ob die Bemerkung über die Synergie der Kräfte, die bey der Genußbegierde Statt findet, nicht auch auf Furcht und Zorn, kurz auf alle Arten der Begierde sollte ausgedehnt werden können? Ziehen Sie aus dem Wenigen, was ich so eben gesagt,

sagt, die Antwort auf diese Frage! Allerdings
interessirt auch die Furcht alle Kräfte des
Menschen, sezt alle seine Sinne in Bewegung
und Aufruhr: aber daß sich Alles so vor dem
widrigen Gegenstande verschliessen, Alles so
von ihm zurükstreben sollte, wie sich bey der
Begierde nach Genuß Alles gegen den Vor=
wurf des Verlangens öffnet und auf ihn zu=
strebt; das mögten Sie nur sehr selten fin=
den. Bald wird die eine, bald wird die an=
dere der mitverbundenen Begierden an dem
Spiele Antheil haben; das einemal wird man
erkennen, das andremal abhalten wollen. Le
Brun führt einen Fall an, wo sich der ganze
Körper zusammenzuziehen scheint; aber von
dem Verschliessen der Lippen und Augen sagt
er kein Wort. *) — Fälle giebt es indessen,

N 2 　　　wo

---

*) Am angef. O. S. 51. La crainte peut avoir
 quelques mouvemens pareils à la frayeur,
 quand elle n'est causée que par l'apprehen-
 sion de perdre quelque chose, ou qu'il n'ar-
 　　　　　　　　　　　　　　　　　rive

wo eine ähnliche Erscheinung, wie bey der
Genußbegierde, entsteht: denn wo z. B. das
Uebel nur Einen Sinn beleidigt, wo es bekannt und von den Mitteln, ihm auszuweichen,
nicht die Frage ist; da zeigt sich zuweilen eine
Theilnehmung der andren Sinne; man verschließt vor einem üblen Geruch nicht bloß die
beyden Werkzeuge, durch welche allein er em-
pfindbar ist, Nase und Mund, sondern bey
heftigerm Abscheu auch noch das Auge. Doch
läßt sich hiegegen einwenden, daß wegen des
zusammengezogenen sehr gekräusten Gesichts
das Auge schon wie von selber zugeht. Treffender wäre also die Bemerkung: daß man
ganz in sich selbst zusammenkriecht, jedes Glied
zurük-

rive quelque mal. Cette paſſion peut donner au corps des mouvemens, qui peuvent être
marqués par les épaules preſſées, les bras fer-
rés contre le corps, les mains de même, les
autres parties ramaſſées enſemble & ployées,
comme pour exprimer un tremblement.

zurükzieht und, so viel man nur kann, alle
Sinne verschließt, wo die Furcht, wie beym
Herunterstürzen von einer Höhe, zu so einem
Grade gestiegen ist, daß man selbst die nähere
Kenntnis der Gefahr verabscheut und alle Hof-
nung sich noch zu retten aufgiebt. „Ich mache
„gewiß die Augen zu, sagt jener in der Komö-
„die, um mein Ende nicht mit anzusehen.“ —

Die physiologischen Erscheinungen, welche
die Furcht da hervorbringt, wo die stärkern
Triebe der menschlichen Natur, vor allen der
Trieb zur Selbsterhaltung, interessirt werden,
sind alle so bekannt, und ihre Nachahmung ist
zum Theil für den Schauspieler so äusserst
schwer, daß ich sie übergehe. Den Frost, das
Zittern der Glieder ahmt man ohne Schwierigkeit nach; die Verwandelung der Gesichts-
farbe wird man durch Vorstellungen der Phantasie nur sehr selten und sicher nie durch kalten
Vorsatz bewirken. Denn so gewiß es ist, daß

N 3   auch

auch die leztere Erſcheinung durch Einwirkung
der Seele erfolgt; ſo ſind doch die Werkzeuge,
wodurch ſie hervorgebracht wird, gleichſam ſo
ungelenk, ſo ſchwer in Bewegung zu ſetzen,
daß die volle Stärke gegenwärtiger Empfindungen, in welchen die ganze Seele mit aller
ihrer Kraft beyſammen iſt, dazu erforderlich
ſcheint. Laſſen Sie mich alſo lieber gleich zu
dem figürlichen Gebrauch der angegebenen abſichtlichen Bewegungen kommen!

Eigentlich, ſehen Sie wohl, kann man vor
keinem Uebel zurüftreten, keinem die Hände
entgegenwerfen, das nicht ſinnlich, gegenwär=
tig, an einem beſtimmten Orte befindlich iſt:
und doch tritt man, auch auſſer dieſen Fällen,
vor üblen Nachrichten jeder Art, vor frechen,
boshaften, verabſcheuten Gedanken, die ein
Mitunterredner vielleicht mit eigenem Unwillen nur widerholt, ſogar vor eigenen Ideen
zurük, die Herz und Gewiſſen als unedel, als
ab-

abſcheulich verwerfen. Wenn Medea in ihrer rachgierigen Wut gegen Jaſon überlegt, wie ſie ihm die tödtlichſte, ſchmerzhafteſte Wunde ſchlagen könne? und dieſe Ueberlegung ſie zu dem ſchreklichen Wunſch und der noch ſchrekli= chern Frage führt: „Daß er ſchon Kinder von „Kreuſen hätte! . . . Hat er nicht Kinder?" ſo fährt ſie gleichſam vor ſich ſelbſt mit ver= wandtem Angeſichte, die Hände vorgeworfen und den Körper weit übergebogen zuſammen, in= dem plözlich die empörte Natur aus dem Herzen der Mutter herauſſchreyt: „Entſezlicher Gedan= „ke! Wie Schauder des Todes durchbebt er mein Gebein." *) (Fig. 26) Und ſo überhaupt zieht ſich der Menſch vor jeder mißfälligen Idee, ſobald ſie nur einigen Grad der Lebhaftigkeit erlangt, wie vor einem ſinnlichen gegenwärtigen Uebel zurük; mag ſie übrigens von ihm ſelbſt gedacht oder nur ihm mitgetheilt ſeyn. — Das Nehmliche

N 4   ge=

*) Dritt. Auftr. S. 10.

geschieht beym Erstaunen, wenn sich befrem=
dende unglaubliche Ideen unsrem Verstande
gleichsam aufdringen wollen. Das Uebel für
den Verstand ist der Irrthum: und wie kein
Uebel gern allein ist, so sind auch mit diesem
insgemein noch andre verbunden; man geräth
dabey leicht, wenn auch nur in kleine augen=
blikliche, Verlegenheiten; man sezt sich der
Gefahr aus, durch Leichtgläubigkeit lächerlich
zu werden. Daher entfernt man sich im ersten
Augenblicke von dem Erzehler ganz unwahr=
scheinlicher Dinge, die übrigens für die eigene
Glükseligkeit völlig gleichgültig seyn können;
man entfernt sich beym ersten Anhören para=
doxer, wenn gleich bloß theoretischer, Säße;
ja sogar vor dem plözlich erscheinenden Freun=
de tritt man, wie vor einem Gespenste, zurük,
wenn man diesen Freund schon längst verloren
oder doch auf hundert Meilen von sich entfernt
glaubte. — Es versteht sich, daß man auch
hier die Gefahr des Irrthums zu erkennen und

zu

zu ermeſſen bemüht iſt; daß man z. B. den
Freund, um ihn mit dem Bilde in der Phantaſie zu vergleichen; den Erzehler, um Scherz
oder Ernſt aus dem Spiel ſeiner Minen zu
ſchlieſſen, mit forſchendem unverwandtem Auge, vielleicht auch den leztern mit einem kleinen
Lächeln, mit einem Blik voll Ernſtes oder Verachtung anſieht, um aus der Art, wie er dieſen
Blik durch Minen oder Worte erwidert, ſeiner wahren Gedanken gewiß zu werden. —
Ich könnte der Beyſpiele ſolcher figürlichen
Ausdrücke mehrere geben. Eine lebhafte Verneinung, eine mit Unmuth geſprochene ab-
ſchlägige Antwort begleitet man gern mit weg-
gewandtem Geſichte und allemal mit verwandter Hand, als ob man Frage oder Bitte von
ſich abhalten, zurükſtoßen wollte: hingegen
bey lebhafter Bejahung, bey gütiger herzlicher
Bewilligung, braucht man bald die flache, bald
die verwandte Hand; das eine Mal, als ob
man ſie zum Einſchlagen hinböte, das andre

N 5 Mal,

Mal, als ob man selbst sie einschlagen oder doch den Mitunterredner faffen wollte: und dieses Einschlagen oder Faffen ist, wie Sie leicht einsehen, nichts als bildliche Vorstellung der Einigkeit des Verstandes oder des Willens.

Vorzüglich bemerkenswerth scheint mir noch die Uebertragung der Gebehrde des Efels, des sinnlichen Abscheues, auf moralische Gegenstände: denn Sie müssen bemerkt haben, daß der Ausdruk der Verachtung gern eine kleine Nuance von Efel annimmt; daß man, bey Vorstellung nichtswürdiger Handlungen, kriechender Schmeicheley, kleinmüthigen Flehens, feigen Erduldens grober Beleidigungen, die gerümpfte Nase, wie vor einem widrigen Geruche, heraufzieht; daß man sogar, bey äufferst bittrer Verachtung, ausspeyt oder doch wenigstens durch Pfuy! dieses Ausspeyen andeutet; nicht anders, als ob man den Mund von faulgewordnen, verpesteten Säften reinigen wollte.

te. — Andere Uebel sind in sich selbst reell und achtungswürdig; wir zittern, weil wir ihre Größe mit unsrer Kleinheit, ihre Kraft mit unsrer Schwäche vergleichen: das Ekelhafte fliehen wir wegen seiner eigenen innern Unvollkommenheit und Verderbnis; wir empfinden Abscheu ohne Furcht, ohne Achtung: und dieß ohne Zweifel ist der dunkelgedachte Grund jener Metapher. —

Ich schliesse mit der kurzen Erinnerung: daß auch das Spiel der Furcht voll Bewegungsgründe ist, wenn das gefürchtete Uebel von dem Entschluß eines freyen Wesens abhängt, und daß auch hier, nach Verschiedenheit der Charaktere und des Verhältnisses, diese Bewegungsgründe gar sehr verschieden sind; daß man bald mehr zu rühren, bald durch angenommenen Muth mehr zu schrecken sucht; bald sich demüthigt, bald trozt, bald fleht, bald liebkost.

Siebzehnter Brief.

Begierde nach Wegräumung, nach Zerstöhrung eines Uebels kann etwas anders als Zorn
seyn; aber nur unter der Gestalt des Zorns,
der, so viel ich weiß, bey allen alten Weltweisen mit Straf- und Rachbegierde Eins ist, *)
hat sie ihr eigenthümliches merkwürdiges Spiel:
denn ausserdem zeigt sich von der Seele im
Körper nichts, als ihre Entschliessung, ihr
Eyfer, verbunden vielleicht mit dem Ausdruk
anderer Affekten, wie der Furcht, der Angst,
des Verdrusses. Aber wo es empfindende
Wesen sind, die uns willführlich kränken,
weil sie uns auf eine oder die andre Art als un-
schädliche Wesen verachten, **) als Wesen,

die

*) S. Menag. ad Diog. Laert. L. VII. Segm. 113.

**) Aristoteles läßt allen Zorn aus Verachtung ent-
stehen. Denn er erklärt ihn als ὀρεξιν με-
τα

die sie entweder geradezu ungestraft, oder doch
hinterlistiger Weise unentdekt beleidigen kön=
nen; wo wir über den Schmerz, den wir selbst
empfinden, bey dem Beleidiger boshafte tücki=
sche Freude vermuthen: da entbrennt die Begierde nach Rache, nach dem Tausch dieser
Empfindungen; die sämmtlichen Kräfte der
Natur strömen nach aussen, um die Freu=
de des Boshaften durch ihren fürchterlichen
Anblik in Schrecken, durch ihre verderbliche
Wirkung in Schmerz; hingegen unsren eignen
bittren Verdruß in wohllüstiges Gefühl unsrer
Stärke, unsrer Furchtbarkeit zu verwandeln.
Es ergiebt sich hieraus, was schon längst von
den Moralphilosophen bemerkt worden: daß
dieser Affekt am natürlichsten gegen denkende
freye Wesen, gegen Personen erwacht; weniger
natür=

τα λυπης τιμωριας φαινομενης δια φαι-
νομενην ολιγωριαν &c. S. Rhet. Lib. II. c. 2.
Er läßt sich in ein umständliches Raisonnement
ein, um diese Erklärung zu bestättigtn.

natürlich gegen Thiere, die weder beleidigen
noch verachten, sondern nur schaden können,
und völlig unnatürlich gegen todte leblose We=
sen. Jedermann betrachtet es als eine Art
von Verrückung, von Sinnlosigkeit, wann
Xerxes das Meer geißeln, ihm Ketten anle=
gen und Brandmäler aufbrennen läßt. *) Eine
so weit getriebene Raserey war vielleicht nur
bey einem Könige möglich, der weniger als
andre Menschen der unangenehmen Erinne=
rung an seine Ohnmacht und Abhängigkeit ge=
wohnt, sich eine Art von Trost in dem wahn=
sinnigen Selbstbetruge schuf, als ob er auch
dem tobenden Meer die erlittene Kränkung
vergelten, zurückgeben könnte.

Der Zorn rüstet, wie gesagt, alle äussern
Glieder mit Kraft; vorzüglich aber wafnet er
die=

---

*) Plutarch. περι αοργησιας. Ed. Reisk. Vol.
VII. p. 787. Verglichen Herodot. L. VII.

diejenigen, die zum Angreifen, zum Faſſen und
zum Zerſtöhren geſchikt ſind. Wenn überhaupt die mit Blut und Säften überfüllten
äuſſren Theile ſtrotzen und zittern und die
gerötheten rollenden Augen Blicke wie Feuer-
ſtrahlen ſchieſſen: ſo äuſſert ſich beſonders in
Händen und Zähnen eine Art von Empörung,
von Unruh; jene ziehen ſich krampfhaft zuſam=
men; dieſe werden gefletſcht und knirſchen.
Es iſt die nehmliche Unruhe, die im Zuſtande
der Wut Eber und Stier, jeder in ſeinen Waf=
fen, empfinden; der eine in ſeinen Hauern,
die er gleichſam zum Angriffe wezt; der andre
in ſeinen Hörnern, mit denen er den Boden
aufwühlt und Wolken von Sand in die Luft
ſtäubt. Ueberdem ſchwellen noch, beſonders
in der Gegend des Halſes, der Schläfen und
der Stirne die Adern; das ganze Geſicht er=
ſcheint wie Eine Gluth, Eine Verzuckung; ſei=
ne Röthe iſt, wegen der Ueberfüllung mit Blut,
nicht mehr die ſchöne Röthe des Verlangens,

der

der Liebe; alle Bewegungen sind eckigt und von der äussersten Heftigkeit; der Schritt ist schwer, gestoßen, erschütternd. — Sie werden sagen: daß diese Veränderungen wenigstens nicht immer Statt finden; daß z. B. der Zornige eben so oft zu erbleichen als zu glühen pflege. Ich antworte: daß die wohllüstige Empfindung der Rachgierde mit der unangenehmen der erlittenen Kränkung abwechseln kann, oder wenn Sie lieber die Vereinigung beyder Empfindungen Zorn nennen: „daß dieser Zorn aus der Unlust über eine empfangene Beleidigung und aus der Begierde, sich „zu rächen, zusammengesezt ist.‟ Der Philosoph, aus dem ich diese leztern Worte entlehne, fährt fort: „Diese Vorstellungen ringen „in einem aufgebrachten Gemüthe mit einan- „der und bringen ganz entgegengesezte Be- „wegungen hervor, nachdem bald diese bald „jene die Oberhand gewinnt. Bald ergießt „sich das Blut in die äussren Theile des Zor- „ni-

„nigen; die Augen ragen hervor und werden
„feurig, das Angesicht roth; er stampft mit den
„Füßen, schlägt um sich und tobt wie ein Ra=
„sender: dieses sind die Kennzeichen der herr=
„schenden Begierde sich zu rächen. Bald
„kehrt das Blut zum Herzen zurük; das wilde
„Feuer der Augen verlischt und sie sinken tief
„in ihre Hölen; das Angesicht erblasset und
„die äuffren Glieder hängen kraftlos zur Er=
„den: dieses sind die untrüglichsten Kennzeichen
„der herrschenden Unlust über die empfangene
„Beleidigung." *) So richtig diese Bemerkun=
gen sind; so mußt es doch mir, der ich noch bloß
mit Begierde zu thun habe, erlaubt seyn,
den Zorn nur von seiner einen Seite, die
noch dazu die am meisten charakteristische ist, zu
betrachten.

Wenn

*) S. Mendelsohns Philof. Schriften, 2. Th.
S. 34. 35.

O

Wenn Sie sich die sämmtlichen angegebenen
Gebehrden des Zorns zusammendenken; so
kommt die zurükschreckendste, und wenn Sie
noch den schäumenden giftigen Geyfer, der
im höchsten Zorne von den seitwärts geöfneten
Unterlippen herabfließt, hinzunehmen, zugleich
die ekelhafteste Häßlichkeit hervor, die dem ruhi=
gen Zuschauer vor einer so verunstaltenden, zerrüt=
tenden Leidenschaft einen tiefen Abscheu einprägt.
Ob auch der Zornige selbst, so lange die Leiden=
schaft in ihm anhält, seinen eigenen Anblik
verabscheuen würde? läßt sich bezweifeln.
Plutarch zwar läßt seinen Fundanus sagen:
daß er es einem verständigen Bedienten nicht
übel deuten würde, wenn er ihm, so oft er in
Zorn geriethe, den Spigel vorhielte; denn der
Anblik seiner selbst in einem so widernatürlichen
Zustande würde ihn gewiß den Zorn verab=
scheuen lehren. *) — Allein ich denke, der

ver=

*) Am angef. O. S. 789.

verständige Bediente würde seinen Verstand
eben dadurch beweisen, daß er den Spiegel
stehn liesse; denn er liefe große Gefahr, ihn
an den Kopf zu bekommen. Mit Minerva,
von welcher hier Plutarch erzehlt, daß sie
die Flöte unwillig von sich warf, da sie in ei=
nem Bache die Verstellung ihrer Gesichtszüge
beym Blasen derselben wahrnahm, verhielt es
sich anders: die Göttinn war ruhig und hatte
als Frauenzimmer das Interesse, immer schön,
nie häßlich zu scheinen. Sie wollte selbst
durch das Spielen der Flöte gefallen; aber der
Zornige will Furcht einjagen, will schrecken.
Hören Sie, was Seneca davon sagt: Spe-
culo equidem neminem deterritum ab ira
credo. Qui ad speculum venerat, ut se mu-
taret, jam mutaverat. Iratis quidem nulla
est formosior effigies, quam atrox & horri-
da, qualesque esse, etiam videri volunt. *) — —

D 2

Ich

*) De Ira. L. II. c. 36.

Ich plaudre mich, wie ich so eben merke, ziemlich weit von meiner Materie weg; allein was könnt ich auch von den Gebehrden der Rachgierde, nach dem angeführten Römer, noch weiter sagen? Er hat in jedem seiner drey Bücher vom Zorne eine eigne Beschreibung davon gegeben, und jede derselben ist so beredt, ist so ausführlich, daß selbst sein geschworner Verehrer Lipsius mit einigem Unwillen ausruft: ubique diffuse & cur toties? *)

Wäh=

*) Comment. in Sen. p. 2. not. 5. — Die Stellen des Seneca finden sich L. I. c. 1. L. II. c. 35. L. III. c. 4. Ich setze zur Probe die erste hieher: Flagrant & micant oculi, multus ore toto rubor, exaestuante ab imis praecordiis sanguine; labia quatiuntur, dentes comprimuntur, horrent ac subriguntur capilli, spiritus coactus ac stridens; articulorum se ipsos torquentium sonus, gemitus mugitusque & parum explanatis vocibus sermo praeruptus & complosae saepius manus & pulsata humus pedibus & totum concitum corpus magnasque minas agens, foeda visu & horrenda facies depravantium
tium

Wählen Sie sich aus den drey Stellen
aus, welche Ihnen die schönste und reichhal=
tigste dünkt, und lassen Sie mich nur noch
die einzige Erinnerung für den Schauspieler
herwerfen: daß seine Nachahmung des Zorns
auf einen andren Entzwek gerichtet ist, als der
wirkliche Zorn, und daß er bey einem Affekte,
dessen Aeusserungen so leicht ins Häßliche und
Ekelhafte fallen, sich vor allzuviel Wahrheit,
und vollends vor Uebertreibung, noch ein we=
nig mehr zu hüten hat, als bey andren Affek=
ten.

tium se atque intumescentium. Nescias, utrum
magis detestabile vitium sit an deforme.

Acht=

Achtzehnter Brief.

Ganz gewiß stekt eine kleine Boßheit hinter der Frage: zu was für einer Klasse von Ausdrücken ich die meisten des Zors und der Rachgierde zähle? Sie wollen mir, denk ich, auf eine glimpfliche Art zu erkennen geben, wie schwankend und unbestimmt die gemachte Eintheilung sey und wie sie oft Verwirrungen eher stifte als hebe. Aber wo hab ich denn auch gesagt, daß ich diese Eintheilung für logischpräcis und vollkommen halte?

Es scheine, sagen Sie, daß ich alle Veränderungen im Blute zu den physiologischen Ausdrücken wolle gezogen wissen, und doch zeige sich beym Erblassen und Erröthen auch etwas der Seelenfassung Analoges: denn das Blut trete zurük, wo der Mensch sich selbst

selbst, seine Gefahr, seine Unvollkommenheit beherzige; es ströme in die äussren Theile, wo er seinen Feind, seine eigne Kraft, seine wohllüstige Rache denke. — Gut! antworte ich; so nehmen Sie denn jene Erscheinungen aus der Klasse der physiologischen in die der analogen hinüber. — Aber zugleich, fahren Sie fort, könne man sich kaum erwehren, bey diesem Erblassen und Erröthen etwas Absichtliches, etwas zwar nur Instinktartig, aber darum doch immer von der Seele Veranstaltetes zu denken. Die Seele scheine innerlich, bey heftigen Anwandelungen der Furcht, Blut und Säfte eben so, wie äusserlich den ganzen Körper, retten zu wollen; sie fliehe mit jenen in die verborgensten Gefäße des Lebens, wie sie mit diesem in die entlegensten sichersten Schlupfwinkel fliehe. Hingegen treibe sie beym Zorn, der Absicht der Rache gemäß, alle Kräfte nach aussen und vorzüglich in die zum Angreifen schiklichen Theile. — Das ist abermals wahr,

 und

und so heben Sie denn meinetwegen diese Ausdrücke aus der Klasse der analogen wieder heraus und tragen sie in die höhere der absichtlichen ein. Nur sehn Sie dann zu, wie Sie
mit den Freunden des Mechanismus und unter andern mit einem Manne, wie Haller,
fertig werden. — So gar viele Mühe zwar
mögte Ihnen die Widerlegung dieses größern
Physiologen als Philosophen nicht kosten:
denn seine Argumente, wie ich aufrichtig ge-
stehn muß, sind nicht die stärksten. Wenn
er sagt: daß es die größte Abgeschmaktheit von
der Seele seyn würde, im Affekte der Furcht
den Knieen die Kraft zu entziehen und sie dadurch des Vermögens zur Flucht zu berauben;
*) so können Sie ihm entgegensetzen: daß eine
sol-

*) Elem. Physiol. T. V. L. XVII. §. 7. p. m. 588.
In metu, ad fugiendum imminens malum, fi
propriam confervationem finem eorum mo-
tuum facias, quid abfurdius tremore genuum,
de-

solche Abgeschmaktheit sich durch die Hitze und Verwirrung des Affekts vollkommen erklären lasse. Warf doch jener, der im dritten Stocke wohnte und das Seinige bey entstandener Feuersbrunst retten wollte, Spiegel und Porcellan und Gläser zum Fenster hinunter! Die Seele handelt da freylich äusserst tumultuarisch, und sie kann auch in ihren Körper überhaupt nicht anders, als nach sehr dunklen Ideen, wirken; nach Ideen, die noch ein wenig dunkler als diejenigen sind, welche sich so Viele von den dunklen Ideen selbst scheinen gemacht zu haben. — Wenn Haller ferner fragt: was die erregte Galle, was Durchlauf und Epilepsie mit der Absicht, sich an seinem Feinde zu rächen, gemein haben? so können Sie antworten: daß man das erste nicht wisse, und daß die bey-

den

debilitate suborta? In ira, quid in emota bile & diarrhoea boni ad ulciscendum hostem, quid in epilepsia?

den lezten Wirkungen, vermuthlich wider alle
Absicht der Seele, durch den bloßen Mechanismus des Körpers erfolgen, der überhaupt,
wenn man Erscheinungen dieser Art erklären
wolle, nie dürfe vergessen werden. Denn zu
geschweigen, daß nur durch diesen Mechanismus
die Einwirkung möglich wird, so kann das
Spiel der einmal angestoßenen Maschine
nicht nur ganz fremde, sondern, wie schon gesagt, auch ganz widerwärtige Folgen hervorbringen und statt der Selbsterhaltung, welche
die dunkelgedachte Absicht war, Zerrüttung
und Zerstöhrung bewirken. — Sie sehen,
ich fahre nur äusserst leicht, und mehr wie im
Scherze, über diese Materie hin; aber wozu
auch eine so episodische, von meinem eigentlichen Zwek so entlegene Untersuchung? eine
Untersuchung, die noch überdieß, ihrer Natur nach, nie kann zu Ende gebracht werden? Lassen Sie uns, wenigstens hier,
eine Frage völlig aufgeben, bey deren feinsten

und

und glüflichsten Entscheidung wir doch zulezt.
unsre Unwissenheit, in Ansehung des Haupt=
punktes, würden bekennen müssen! Lassen Sie
uns die Hülle lieber gar nicht anfassen, von
der wir schon wissen, daß auch die vertrautesten
Lieblinge der Natur sie nicht haben wegheben
dürfen! — —

Für ihre Bemerkung, wie der Zorn von
seinem wahren Gegenstande sich oft auf ganz
fremde und unschuldige abzuleiten pflege, danke
ich Ihnen recht sehr: der Schauspieler kann da=
von in der That vielen Nutzen ziehen. Nur
sehe ich nicht, warum Sie aus den vielen
Beyspielen beym Home, dem Sie Ihre Be=
merkung schuldig zu seyn gestehen, gerade das=
jenige ausheben, welches mir das am wenig=
sten treffende scheint. „Im Othello, sagt
„Home*), hat Jago durch zweydeutige Win=
„ke

*) Grundf. der Krit. Th. 1. S. 109.

„ſe und verdächtige Umſtände die Eyferſucht
„des Othello erregt, welche dieſem gleich=
„wohl noch zu wenig gegründet ſcheint, um
„ſie an Desdemona, dem eigentlichen Gegen=
„ſtande derſelben, auszulaſſen. Die hier=
„durch entſtehende Verwirrung und Beäng=
„ſtigung ſeiner Seele reizt auf einen Augen=
„blik ſeinen Zorn wider den Jago, den er zwar
„noch für unſchuldig, aber doch für denjeni=
„gen anſieht, der zu dieſer Eyferſucht Gelegen=
„heit gegeben.“ *) Ich denke, daß hier der
Zorn gar nicht den unrechten, ſondern völlig
den rechten Gegenſtand faßt: denn Othello,
der von Desdemonens Reizen zu ſehr bezaubert
iſt und die Martern der Eyferſucht zu grauſam
und unerträglich findet, neigt ſich ganz ſicht=
bar von dem Zweifel an Desdemonens Keuſch=
heit zu dem ganz entgegengeſezten an Jagos
Rechtſchaffenheit. Beſſer, deucht mir, hätte

Ho=

*) Dritt. Aufz. Dritt. Auftr.

Home gethan, wenn er die anderswo ge=
machte Bemerkung, daß der Bote einer ver=
haßten Nachricht selbst verhaßt werde, hie=
hergezogen und durch ein sehr redendes Bey=
spiel aus Shakespears Antonius und
Kleopatra erläutert hätte. *) Doch trift der
Zorn auch noch hier, wenn Sie die Erklä=
rung des Aristoteles annehmen wollen,
keinen ganz falschen Gegenstand; denn die
Kälte und Ruhe eines Boten, bey unsrem eige=
nen bittern Verdrusse scheint uns, nach der Mey=
nung dieses Weltweisen, eine Art von Beleidi=
gung, von Verachtung, und bringt uns also
ganz natürlich in Hitze. **)

In=

---

*) Zweyt. Aufz. fünfter Auftr.

**) Rhetor. am angef. Orte. Ed. Lips. p. 87. —
Aristoteles häuft hier eine Menge Bemerkun=
gen, die sich alle aus seinem festgesezten Begriff
vom Zorn erklären lassen. Er hatte vorher
gesagt: οργιζονται . . . και τοις επιχαιρεσι
ταις

Indeſſen iſt doch ſo viel gewiß, daß nicht
der unſchuldige Bote, ſondern der treuloſe
Geliebte ſelbſt, wenn er jezt eben hereingetreten
wäre und nur nicht andre Betrachtungen es
verhindert hätten, den Zorn der **Kleopatra**
würde empfunden, und daß die Königinn auch
an einem bloßen Briefe, der doch ſicher an
ihrem Schmerz nicht hätte Theil nehmen, noch
ihrer ſchonen können, Wut und Rache würde
ausgelaſſen haben. Wie oft ſehen wir Briefe
in der Hand zerfnittern, mit Füßen treten,
mit den Zähnen zerreiſſen! — Vielleicht bringen wir die ganze Sache aufs Reine, wenn
wir, ohne bloß von fremden und unſchuldi-
gen Gegenſtänden zu reden, uns allgemeiner
faſſen

ταις ατυχιαις, και όλως· ευθυμεμενοις
εν ταις εαυτων ατυχιαις· η γαρ εχθεα η
ολιγωρεντος σημειον: und dann folgt die im
Text angeführte Bemerkung: και τοις μη
Φροντιζεσιν, εαν λυπησωσι· διο και τοις
κακα αγγελεσιν οργιζονται.

faſſen und ſagen: daß die Rachgier eine wü=
tende Leidenſchaft iſt, die nicht leicht inner=
halb des Menſchen verſtürmt und verſiedet;
daß ſie da, wo ſie des gewünſchten eigent=
lichen Gegenſtandes entbehrt, ſich freylich
am liebſten an ſolchen Dingen, lebendigen
oder lebloſen, erholt, die mit jenem Gegen=
ſtande in irgend einer nähern Verbindung
ſtehen; daß ſie aber auch da, wo ſie keiner an=
dren Dinge habhaft werden kann, gegen ganz
fremde und unſchuldige Weſen wütet, die ſie
wirft, ſchlägt, zerſtampft, zerbricht, zerreißt, und
daß ſie endlich, wo ſie auch auf dieſe Art ſich nicht
äuſſern kann oder darf, ſich gierig wie der Hun=
ger gegen den Menſchen ſelbſt kehrt und ihn
mit aller ihrer glühenden Hitze anfällt. Die
wilde Begierde des Menſchen iſt nun einmal
erwekt, und ſein ganzes Nervenſyſtem in Un=
ruh: es deucht ihm ein geringeres Leiden, ſich
die Lippen blutig zu beiſſen, die Nägel zu zer=
käuen, das Haar zu zerraufen, oder wie jener

Jta=

Italiener, der nach und nach seine ganze Bör-
se verlor, bey äuſſrer ſcheinbarer Ruhe, mit der
im Buſen verborgenen Hand ſich heimlich das
Fleiſch zu zerkneipen, als ohne irgend eine ge-
waltſame Handlung ruhig und müſſig zu bleiben. Die Hände, die Zähne, die Füße wollen ſchlechterdings etwas zu thun haben; man
ſieht ihre unruhige Bewegung ſchon bey gehaltenem geringern Verdruſſe; der Menſch
nagt immer ein wenig die Unterlippe, wiegt
den Fuß hin und her, tritt gegen die Erde,
zieht die Schöße der Weſte nieder, knöpft auf
und zu, ſtößt den Boden des Huts ein oder
zerwirkt ihn, fährt ſich hinter die Ohren und
kraut in den Haaren. — Daß die Hände ſo
vorzüglich gern den Weg in die Haare nehmen, zeugt von einer unangenehmen Veränderung in der Haut des Kopfes, dergleichen
ſich auch bey den Affekten der Furcht und des
Schreckens äuſſert. — —

Ich

Ich denke so eben, ob nicht diese Ablei-
tung des Affekts auf verwandte und auf völlig
fremde Gegenstände einer der Punkte seyn
sollte, die sich, mehr oder weniger, bey allen
Begierden finden? Von der Furcht wenig=
stens ist es bekannt, daß sie in ihren höhern
Graden die Idee der Gefahr auf alle, auch die
unschädlichsten, Gegenstände überträgt und vor
jedem Geräusch, jedem Schatten zurükbebt.
Sie erinnern sich des vortreflichen Gemäldes
im *Virgil*, wo *Aeneas* seinen grauen Va=
ter auf den Schultern aus dem brennenden
Troja trägt und den kleinen Askanius ne=
ben sich herführt.

— — Ferimur per opaca locorum

Et me, quem dudum non ulla injecta mo-

vebant

Tela, neque adverso glomerati ex agmine

Graji,

Nunc omnes terrent aurae, sonus excitat

omnis

P   Suf-

Suspensum & pariter comirique onerique
timentem. *)

Auch bey der annähernden Begierde findet sich
unter gewissen Umständen etwas Aehnliches.
Ich werde sogleich Gelegenheit haben, davon
zu reden, und werfe also hier nur die flüchtige
Bemerkung her: daß die Freudenvolle Liebe,
nicht nur wenn sie ihres eigentlichen Gegen=
standes entbehrt, sondern oft auch im vollen
Entzücken des Besitzes, sich in Wohlthätigkeit,
Liebkosungen und Umarmungen auch gegen
andre umgebende Wesen äußert. Lessings
Minna, die ihren Geliebten wiederzusehen
hofft, beschenkt indessen ihr Kammermädchen;
Cumberlands Westindier umarmt, nachdem
er die Hand seiner Dudley erhalten, die gan=
ze Gesellschaft. Die Liebe reißt hier, eben so
ungestüm wie der Zorn, alles, was sich ihr
nähert, in ihren Wirbel.

*) Aeneid. L. II. v. 725-729.

Neun-

Neunzehnter Brief.

„Keine Leidenschaft der Seele" läßt Hemsterhuis seinen Sokrates sagen „ist als Lei-
„denschaft der Seele, sondern nur in so ferne
„sichtbar, als sie auf die sichtbaren Theile des
„Körpers wirkt. Nun ist diese Wirkung von
„zwey verschiednen Arten; die eine Art ver-
„ändert bloß die Modifikationen der sichtbaren
„Theile des Körpers, und dieß ist der Fall bey
„der Traurigkeit, der Niedergeschlagenheit,
„der Hofnung; die andere Art bringt diese
„Veränderungen hervor, damit eine äusserli-
„che Wirkung daraus entstehe; wie bey dem
„Zorn, der Furcht oder dem Verlangen." *)
— Das ist, wie Sie sehen, ohngefähr der

P 2 nehm-

*) In dem Gespräche: Simon oder von den
Kräften der Seele. S. vermischte philos.
Schriften, Th. 2. S. 277. ff.

nehmliche Unterschied, den auch ich unter den
Affekten festgesezt, und wornach ich sie in Be=
gierde und Anschauen getheilt habe. Begier=
de ist mir nur das, was sich durch sichtbare
charakteristische Bewegungen des Strebens
wirklich als Begierde ankündigt; alles Uebri=
ge, was zwar im Grunde auch, wie überhaupt
jede Wirkung der Seele, eine Art von Stre=
ben ist, aber nicht sichtbar als Streben er=
scheint, setz ich unter dem Namen des bloßen
Anschauens der Begierde entgegen. — Der
Naturlehrer weiß es sehr wohl: daß der Mag=
net das Eisen nur durch einen steten unsichtbar
ausströmenden Wirbel festhält; daß nur die
zu mächtigen Hindernisse den unaufhörlichen
Trieb zum Losschnellen in der eingepreßten Fe=
der unwirksam machen; daß sich überhaupt in
der ganzen Natur nirgends und nie auch nur
ein Augenblik Ruhe findet: aber soll er denn
darum, weil alle Ruhe nur Schein ist, auch
niemals von Ruhe reden? niemals die Ruhe
der

der Bewegung entgegenſetzen? Und ſoll der Mimiker die Leidenſchaft der Liebe auch da, wo ſie kein Beſtreben nach Annäherung, den Haß auch da, wo er kein Beſtreben nach Angrif ausdruckt, Begierde nennen, weil jene in der That an den Reizen der Schönheit, wie die Biene an den Süßigkeiten der Blume, im Stillen fortſaugt? oder weil dieſer, wie das aufgehängte Schwert des **Dionys**, immer fallen und im Fallen verwunden mögte?*) — Wenn es Ihnen ſonderbar ſcheint, daß ich gerade jezt auf dieſe Materie komme; ſo erinnern Sie ſich der Einwürfe, die Sie meiner Eintheilung gleich damals, als ich ſie machte, entgegenſezten und die Sie mir jezt, da ich zu den Affekten des Anſchauens fortgehe, ohne dieſe Vorerinnerung leicht wiederholen könnten.

P 3 Der

*) Macrob. in Somn. Scipion. C. X.

Der Mimiker, der nur mit den äuſſren Erſcheinungen der Leidenſchaften zu thun hat, muß ſich überhaupt dem Philoſophen, der ihre innre Natur entwickelt, nicht zu ängſtlich zur Seite halten und ihm weder in Erklärungen noch in Eintheilungen zu gewiſſenhaft folgen. Denn es giebt für den Philoſophen Einheit, die für den Mimiker Mannichfaltigkeit wird, und wiederum giebt es für den Philoſophen Mannichfaltigkeit, die ſich für den Mimiker in Einheit verwandelt. Eine und dieſelbige Quelle kann in mehrere Bäche ausſtrömen, aber auch verſchiedene Quellen können zu Einem ungetheilten Bache zuſammenfließen. — Doch ich finde, daß ich mich ſo im Allgemeinen, weder mit noch ohne Bild, recht verſtändlich mache, und ich will alſo lieber von beyden Fällen, da die Sache nicht unwichtig iſt, einige Beyſpiele geben.

Der

Der Philosoph kann den Neid, wenn er will, von der Mißgunst unterscheiden; er kann sagen, daß jener aus Selbstsucht, dieser aus Feindschaft entspringe; daß Cato den Feinden der Republik, die er als seine eigenen ansah, ihre Ehrenämter nur gemißgönnt, Cä=sar und Pompejus ihre Vortheile einander be=neidet haben. Der Unterschied ist merkwürdig und wahr; aber um ihn zu finden, muß man bis ins Innre der Seele dringen: im äuffren Ge=behrdenspiel zeigt sich keiner. Beyde Affekten verziehen das Gesicht zum Verdrusse; beyde können ihren Gegenstand mit seitwärts gewor=fenen Blicken anschielen, beyde dem Körper eine halbverwandte Stellung geben. Nicht einmal der stärkere oder geringere Grad, das Edlere oder Unedlere des Ausdrucks, kann hier zum Unterschied dienen: denn Mißgunst kann eben so heftig als Neid und kann eben so unedel seyn. Zu geschweigen, daß auch Neid und Mißgunst zusammen in ihrem Ausdruk

P 4

nichts

nichts Eignes haben, wodurch sie sich vom Arg=
wohn oder wenigstens vom Haß unterschieden.
— Le Brun zeichnet uns zuerst die Eifersucht,
dann den Haß. Wir hoffen, unter den zwey
verschiednen Rubriken, zu den zwey verschied=
nen Blättern, nun auch zwey verschiedne Be=
schreibungen zu lesen; aber vergebens! Er
beruft sich, da er vom Hasse reden soll, auf
das, was er von der Eifersucht gesagt hat, und
findet nicht, daß jener Affekt in seinem Aus=
druk etwas Verschiednes oder Besonderes ha=
be. *) Gesezt, daß wirklich Eifersucht und
Haß alle ihre Züge, und daß sie sie immer
mit einander gemein hätten: warum machte
sich der Künstler die vergebliche Mühe? war=
um

---

*) Am angef. O. S. 29. Comme la haine &
la jalousie ont un grand rapport entr'elles
& que leurs mouvemens exterieurs sont
presque semblables, nous n'avons rien a re-
marquer en cette passion de different ni de
particulier.

um sparte er nicht als Schriftsteller die Worte,
und als Zeichner die Kreide?

Aber ist es denn in der That mit Haß und
Eifersucht eben der Fall, wie mit Neid und
Mißgunst? Erscheint wirklich die Eifersucht
nur unter der Gestalt des Haffes, und hört sie
auf zu seyn was sie ist, sobald sie unter einer
andern erscheint? Sie sehen hier, wenn ich nicht
irre, den zweyten Fall, wo der Philosoph in
der Quelle mannichfaltiger Bewegungen Ein=
heit entdeckt, die der Mimiker in diesen Be=
wegungen selbst nicht gewahr wird und die al=
so auch der Zeichner nicht darstellen kann.
Wenn Sie die Eifersucht des Ehrgeizes be=
trachten; so gehört ihr Ausdruk bald der
Scham, bald dem zornartigen Verdruß, bald
der Wehmuth, ohne daß sich in allen diesen
Aeusserungen das Eigne, das Charakteristi=
sche angeben ließe, welches nur der Eifersucht
zukäme und welches z. B. die Thränen, die

P 5   der

der junge Cäsar bey Alexanders Geschichte
weint, *) von den Thränen jeder andren edlen
Traurigkeit unterschiede. Wenn Sie vollends
die Eifersucht der Liebe betrachten; so haben
Sie einen wahren Proteus, der nie eine eig=
ne und jeden Augenblick eine andre Gestalt
zeigt. Othello wütet, weint, hohnlächelt,
späht mit argwöhnischem Blick, jammert, fällt
in Ohnmacht, schlägt, mordet: alle diese Aus=
drücke gehören der Eifersucht; aber wie unend=
lich abweichend und mannichfaltig sind sie!
wie wenig sich selbst in jedem Augenblik ähn=
lich! Nichts Beständiges und Bleibendes in
allen diesen Veränderungen; nichts in irgend
einer, worinn wir gerade nur Eifersucht und
keinen andren Affekt erblickten! Was für ein
Gebehrdenspiel kann also der Mimiker, der
Künstler, der leidenschaftliche Entwürfe als
Muster

*) S. Plutarch verglichen mit Sveton. Beyde
in Cäsars Leben.

Muſter vorzeichnet, dieſem Affekte geben? Kei⸗
nes. Den Haß, die Wehmuth, den Hohn;
alle die einfachen oder gemiſchten Ausdrücke,
welche nach und nach die Eiferſucht annimmt,
mag er beſtimmen können; aber die Züge der Ei⸗
ferſucht ſelbſt, eben weil dieſe keine eigenen hat,
kann er nicht beſtimmen. Le Brun, wie ge⸗
ſagt, hat die Mine des Haſſes angegeben;
aber nicht aller Haß iſt Eiferſucht, und nicht
alle Eiferſucht zeigt ſich als Haß. Hätte er
dieſe Leidenſchaft als allegoriſche Perſon in ei⸗
nem wirklichen Gemälde aufzuführen gehabt;
ſo hätte er ſie freylich nur von Einer Seite faſ⸗
ſen können, und hätte ſie am beſten von ihrer
merkwürdigſten, gewöhnlichſten gefaßt, unter
welcher man ſie vorzüglich denkt: aber als Leh⸗
rer des Ausdrucks, der die weſentlichen Grund⸗
züge der Affekten angeben will, die ſich bey
aller Mannichfaltigkeit ihrer Modifikationen
erhalten, hätte er ſie nicht zeichnen, hätte er
auf die Zeichnungen aller andren Affekten, de⸗
ren

ren Gestalt die Eiferſucht annimmt, bloß hin-
weiſen und es der Beurtheilung des Künſtlers
überlaſſen ſollen, was für einen Ausdruk er
nach Maaßgabe der jedesmaligen Situation
zu wählen und mit welchen andern er ihn zu
verſetzen, zu miſchen habe? —

Entzücken und Verzweiflung ſind Wörter,
mit welchen man die äuſſerſten Grade angenehmer und unangenehmer Empfindungen bezeichnet. Entzücken kann die hinſchmachtend-
ſte Wohlluſt und kann die beſeelteſte Freude;
Verzweiflung kann die empörteſte Wut und
kann die niedergeworfenſte Traurigkeit ſeyn:
was für Einheit kann auch hier der Mimiker
angeben? Wenn er mir das Entzücken als eine Art von Ohnmacht ſchildert, die alle Glieder in wohllüſtiger Erſchlaffung hängen läßt
und die ſchwimmenden Augen unter ſtillem
Lächeln hinter dem Liede verbirgt; ſo werd ich
ihn fragen: ob er nicht auch in dem heiterſten,

fröh-

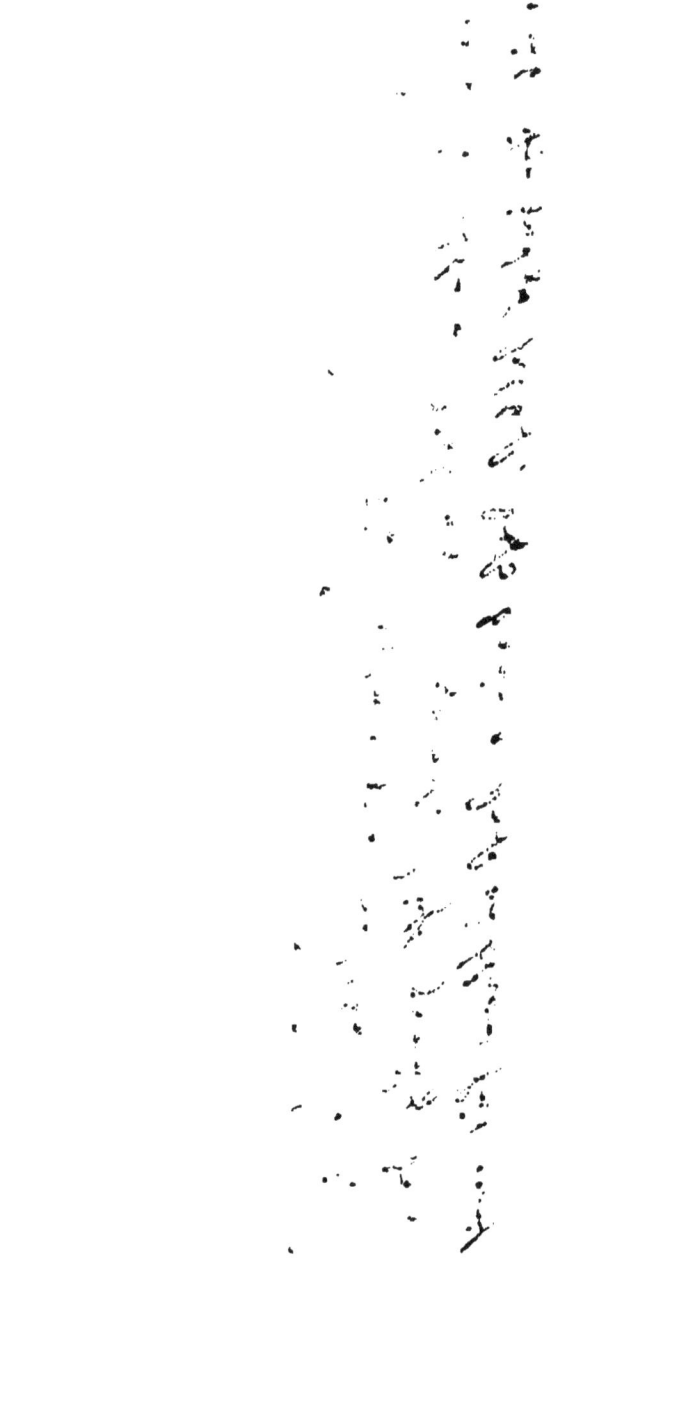

fröhlichsten Angesichte, in den Lichtvollsten Augen, in weit ausgebreiteten Armen und einer vom Boden sich gleichsam in die Luft hebenden Figur Entzücken finde? (Fig. 27 und 28.) Er müßte denn das Wort in seiner eigentlichsten Bedeutung nehmen und es bloß von dem geistigwohllüstigen Anschauen einer schwärmerischen Phantasie erklären. Das wäre denn eine Ausflucht, die ich ihm freylich gönnen müßte; die ihm aber doch bey der Verzweiflung nicht mehr zu Statten käme. Denn wenn man in dem bekannten englischen Blatte den abgezehrten, vor Hunger schon halb zur Leiche gewordenen, Ugolino ansieht; so ist doch da eben so sicher Ausdruk der Verzweiflung, als wenn man sich das Gemälde eines Selbstmörders denkt, wie es Da Vinci angiebt: aber wo ist noch eine Spur von Aehnlichkeit in Gesichtsausdruk oder in Stellung? „Einen „Menschen in Verzweiflung, sagt Da Vinci, *)

„kann

*) Traité de la peinture. Ch. CCLVI. p. 219.

„kann man vorstellen, wie er seine Kleider zer-
„tissen, sein Haar zerrauft hat; wie er mit
„der einen Hand das mörbrische Messer hält,
„mit der andren die Wunde öffnet und weitet;
„wie er, die Füße weit aus einander gestellt,
„mit einsinkendem, vorhangendem Körper
„schon zur Erde zu stürzen scheint.“ — Sie
sehen indessen wohl, daß das nur ein Vorschlag
ist, den der vortrefliche Künstler thut; denn er
redet nur von dem, was man kann, nicht von
dem, was man soll: und gewiß hatte er bloß
die personisicirte Verzweiflung, wenn diese einmal in einem Gemälde aufzuführen wäre, im
Sinne.

Um die Wiederholungen und Verwirrungen, wovon wir hier Beyspiele sahn, zu ver-
meiden, lassen Sie uns unsren eigenen Weg
nehmen, und ohne auf die Unterschiede, welche die Wörtersprache bemerkt, ohne auf Einheit und Mannichfaltigkeit im Innern der

Seele

Seele zu achten, nie weiter, wenn auch nicht
überall so weit gehen, als uns Einheit oder
Mannichfaltigkeit in den sichtbaren Ausdrü=
cken führen! Dieses hätte billig schon De Pi=
les thun sollen, da er die Unbequemlichkeiten
des bisherigen Weges gewahr ward; aber er
wich lieber der wichtigen Lehre von den Leiden=
schaften unter dem Vorwande aus: daß er die
Phantasie der Künstler nicht einschränken und
ihren Werken nicht das Verdienst der Neu=
heit und Mannichfaltigkeit rauben wolle. *)

*) S. Oeuvres diverses de Mr. De Piles. T.
II. p. 146. fgg.

Zwan=

Zwanzigſter Brief.

Carteſius unterſcheidet körperliche Empfindungen ausdrüklich von den Leidenſchaften der
Seele; *) Le Brun, ſo treulich er ſonſt ihm
nachgeht, weicht hier ſtillſchweigends ab und
redet mitten in der Lehre von den Affekten
auch vom Ausdruk körperlichen Schmerzens.
Ich folge hier weder dieſem noch jenem: denn
ich denke, ich will die Lehre vom Ausdruk körperlicher Empfindungen lieber ganz überhüpfen; theils, weil ich da ſo Manches ſagen
müßte, was ſich nicht wohl ſagen läßt; theils
auch, weil dieſe Lehre für den Schauſpieler,
auf den ich doch einmal vorzüglich Rükſicht
nehme, von minderer Wichtigkeit iſt. Ganz
indeſſen läßt ſich von den körperlichen Em-
findungen nicht ſchweigen: denn oft ſind ſie
Fol=

*) Paſſ. An. art. 29. cf. art. 25.

Folgen der innren Gemüthsbewegungen, und
dann führt uns ihr Ausdruk auf diese Gemüthsbewegungen, als auf ihre Quelle, zurük.
Wenn beym Beaumarchais der Vater der
Eugenie durch Aufreissen der Brust seinem
beängstigten Herzen gleichsam Luft macht;
wenn Othello, noch hin und her schwankend,
eh er in Ohumacht sinkt, die eine Hand vielleicht vor sein schwindelndes Haupt, die andre
vor sein gepreßtes Herz schlägt, indessen die
Zunge nichts als abgebrochene Reden, als
halbe Gedanken stammelt; wenn der ärgerli-
che Oberst in Großmanns Henriette ohne
Unterlaß die Fingerspitzen im Haar hat, oder
— damit ich den Sprung, den ich vom Stärkern aufs Schwächere that, wieder zurükthue
— wenn die glühende Sappho, der schwär-
merische Antiochus, *) schmachtend und fast

ent=

*) Plutarch im Leben des Demetrius. Longin.
de Subl. c. X.

Q.

entseelt vor Liebe, unter der Empfindung der
sie anwandelnden Schwachheiten arbeiten: so
erkennen wir in diesen äuſſren Bewegungen
zunächſt die Veränderungen, welche im Körper, und mittelbar durch dieſe die, welche im
Innern der Seele vorgehn. —

Affekten des Herzens, hab ich geſagt, entſtehen aus wahrgenommener Vollkommenheit
oder Unvollkommenheit unſer ſelbſt: die Vollkommenheit erzeugt die angenehmen, die Unvollkommenheit die unangenehmen; beyder
Verknüpfung die vermiſchten Empfindungen.
Eine ſolche vermiſchte Empfindung hat zwar
oft, aber doch nicht immer, einen zuſammengeſezten Ausdruk: und manche können daher
in der Mimik als einfach betrachtet werden.
Reiner Schmerz und reine Freude, ſagen die
Weltweiſen, laſſen beyde die Augen trocken;
erſt müſſen ſich angenehme Ideen in unangenehme, oder umgekehrt, zu miſchen anfangen,

wenn

wenn die Thräne hervorbrechen soll. Die Bemerkung ist richtig; aber im Ausdrucke findet man die Mischung nur bey der Wehmuth der Freude, die ihre Thränen auf lächelnde Wangen schüttet: die Wehmuth des Schmerzens, die das ganze Gesicht zum Weinen verzerrt, ist dem Ausdruk nach nur reine, einfache Empfindung. — Lassen Sie uns mit den angenehmen Affekten, deren Betrachtung vermuthlich ergötzender als die der unangenehmen seyn wird, den Anfang machen! Seltsam ists freylich, daß man sich das Gute so gern vorweg nimmt, aber einmal macht mans doch so, daß man, bey noch voller Schale, nach den schönsten und schmakhaftesten Früchten gleich zuerst greift. —

Es giebt Menschen von einer so glüklichen Mischung der Säfte, einem Blute, das so leicht und sanft auch durch das feinere Geäder hinwallt, und was damit immer verbunden ist,

Q 2   von

von einem so unaufgehaltenfreyen, so leichten,
so muntren Ideengange, daß ihr Leben fast
immer heiter, ihr Herz fast immer zum Ver=
gnügen gestimmt ist. Wenn sich der Phanta=
sie solcher Glücklichen vorzüglich reizende, la-
chende Bilder malen, oder wenn sich auch in
dem äußren Zustande irgend eines Menschen,
von welchem Charakter er sey, ausserordentlich
glükliche Begebenheiten hervorthun; Vor=
fälle, die der Seele auf einmal eine weite Aus=
sicht von angenehmen Folgen für die Zukunft
öffnen, durch welche sie leicht und ohne Hin=
dernis forteilt: so zeigt sich nicht bloße Zufrie=
denheit oder Heiterkeit, sondern jener höhere
Grad angenehmer Empfindung, auf welchen
ich den Namen der Freude gänzlich einschrän=
ken mögte. In dem Spiel dieser Freude er=
blickt man die vollkommenste Analogie, den
deutlichen Abdruk einer Seele, die dem will=
kommnen Besuch angenehmer Ideen gleich=
sam alle Zugänge aufschließt, und die das
Maaß

Maaß in den Bewegungen ihres Körpers genau nach dem Maaße der Geschwindigkeit,
Leichtigkeit und Gebundenheit abmißt, welches
sich in dem Gange ihrer herrschenden klärern
Vorstellungen findet. Das Gesicht ist in allen
seinen Theilen offen und frey, die Stirne heiter und ausgeglättet; das Haupt schwillt sanft
aus den Schultern empor; in dem sprechenden Auge sieht man den ganzen Rand des
Lichtvollern Apfels; der Mund zeigt das liebliche semihians labellum des kleinen Tor-
quats;*) der Körper ist von den Händen un-
bedeckt, der Gang sich hebend und munter;
Leichtigkeit, Geschmeidigkeit, Gebundenheit,
mit Einem Worte: Grazie herrscht in den Bewegungen aller Glieder. Sie erkennen hieraus: daß die Erscheinungen der Freude alle
schön und anmuthig sind, und so können Sie
leicht den Schluß machen: daß sie um so cha-

Q 3   rakte-

*) Catull. LIX. v. 220.

rakteristischer seyn, um so mehr der Freude
ähnlich sehen werden, je mehr Schönheit und
Anmuth die Ideen selbst haben, welche die
Seele anschaut, und je mehr also diese Ideen
die angegebenen Analogieen begünstigen. Die
Freude des Stolzen, der die hohen Entwürfe
seines Ehrgeizes gelingen sieht, wird noch im=
mer das Angesicht und den ganzen Körper öff=
nen, noch immer den Bewegungen Leichtigkeit
und Geschmeidigkeit geben: aber der Umstand,
daß die in der Seele des Stolzen sich entwi=
ckelnde Ideen große, weitsichtige, erhabne
Ideen sind, wird doch immer dem Charakter
der Empfindung etwas zu entziehen scheinen.
Man wird nicht sowohl reine Freude, als viel=
mehr eine Mischung von Freude und Stolz zu
erblicken glauben. Hingegen wird sich die
Freude des Liebhabers, der lauter schöne, sanf=
te, liebliche Ideen durchläuft, ganz unge=
schwächt und mehr unter dem reinen, unver=
fälschten Charakter der Freude zeigen. —
Daß

Daß der Ausdruk dieſer Empfindung, eben
wie ſie ſelbſt, ſeine Grade habe, braucht keiner
Erinnerung; aber immer iſt doch auch der
höchſte Grad des Entzückens nichts als Ver-
ſtärkung der hier angegebenen Züge. (Fig.
28.) Nur da freylich ſcheinen dieſe Züge, wo
nicht ganz zu verſchwinden, doch alle Grazie
zu verlieren, wo die Freude zu ſchökerhaft
wird, oder wo ſie in einen Muthwillen ausartet, der das Geſicht in Fraze und die Bewegungen in Gaukelſprünge verwandelt.

Die Handlungen, in welche die Freude
immer gern ausbricht, ſind lebhafte Eindrücke,
die ſie für alle Sinne hervorbringt, Wohlle-
ben, Lachen, Singen, Händeklatſchen, Tan-
zen und — wie ich ſchon im vorlezten Briefe
ſagte — Mittheilung gegen alle, die ſie in ihr
Intereſſe zu ziehen hofft, Beſtechung gleichſam zur Theilnehmung durch Umarmungen,
Freundſchaftsbezeugungen, Wohlthaten; vor-

Q 4 züglich

züglich Liebkosung derer, von deren guten Ge=
sinnung, oder ähnlichen Lage, oder vollen Mit=
genossenschaft an dem glüklichen Schiksal, sie
die innigste lebhafteste Sympathie erwartet.
Menschen, die einerley Unglük und Gefahr
überstanden haben, liegen sich gern, in dem er=
sten Augenblik ihres Entzückens, einer dem
andern in den Armen und vermischen Glük=
wünsche und Freudenthränen. In der Erzeh=
lung des alten Arnolds beym Diderot fin=
det sich auch folgender wahre, rührende Zug:
„Den Gefahren des Meers so glüklich entgan=
„gen, begrüßten wir das feste Land mit tau=
„send freudigen Ausrufungen und umarmten
„uns alle untereinander, Befehlshaber, Offi=
„ciere, Reisende, Matrosen und wer wir alle
„waren." *) — Die Stelle wäre, ihrer
großen Natur und Simplicität wegen, eines
Griechen würdig, und ich wette wie viel? der
gute

*) Natürl. Sohn, dritt. Akt, siebent. Auftr.

gute Diderot ist sie auch einem Griechen schuldig. Wenigstens hat sie mit einem sehr her-
vorstechenden Zuge im Xenophon, der, wohl
zu merken, weit mehr am rechten Orte steht
und durch den Zusammenhang der Geschichte
weit natürlicher herbeygeführt wird, eine gar
auffallende Aehnlichkeit. Die zehntausend
Griechen, wissen Sie, hatten auf ihrem Rük-
zuge aus Asien mit unsäglich viel Noth und
Gefahr gerungen; jezt, da sie endlich die Höhe des Berges Teches erreichen, erblicken sie
plözlich das Meer: ihre ganze Seele wird Freude, und Alles bricht in Thränen und Umarmungen aus, Befehlshaber, Hauptleute, Gemeine. *)

Nehmen Sie jezt die Neuheit und Geschwindigkeit des Eindruks, welchen einzelne

Q 5   glük-

*) De Cyri Exp. L. IV. c. 7. Επει δε
αφικοντο παντες επι το ακρον, ενταυθα
δη περιεβαλλον αλληλυς, και ςρα7ηγυς,
και λοχαγυς, δακρυοντες.

glükliche Begebenheiten machen, hinweg; laſſen Sie die angeſchaute Vollkommenheit bleibende Eigenſchaft ſeyn, und geben Sie dem
Anſchauen ſelbſt Ruhe und Muße: ſo kann
zwar noch immer die Empfindung ſehr viel
Angenehmes und Süßes haben; aber das
Charakteriſtiſche der Freude verſchwindet, und
es kommt nun Alles auf die Beſchaffenheit der
Idee an, welche das Gebehrdenſpiel ausdrucken ſoll. Sie werden dieſes ſogleich an den
Ausdrücken des Selbſtgefallens erkennen; derjenigen angenehmen Empfindung, wo der
Menſch die Vollkommenheit, die er anſchaut,
als zu ſeinem Ich gehörig, als Theil oder Ei-
genthum ſeiner ſelbſt betrachtet.

Iſt es Schönheit und Reiz der Geſtalt;
iſt es Anſtand, Leichtigkeit, Grazie der Bewegungen, die man an ſich bewundert: ſo erhält
ſich die lächelnde, ſüße Mine des Vergnügens,
das Schöne, Muntre, Reizvolle des Spiels;
man

man hüpft, trillert, singt; man setzt sich in tau=
ssenderley Stellungen, um sich aus desto mehr
Gesichtspunkten beschaun und bewundern zu
können. — Ist es Verschlagenheit, Feinheit
der Art, wie man seine Absichten erreicht hat; so
sspielt auch da noch um Lippen und Wangen ein
fflüchtiges Lächeln; zugleich verengt sich das eine
Auge, der Blik wird geschärft; der Gang ist
schleichend; der Zeigefinger deutet vielleicht auf
den überlisteten Thoren gleichsam hin (Fig.
29.); und um die Aufmerksamkeit des Mit=
unterredners eben so heimlich zu lenken, als
heimlich die Intrigue gespielt ward, wird er
vielleicht nur ganz leise und seitwärts mit dem
Ellbogen angestoßen. — Ist es Würde,
Macht, höhere Geisteskraft, höheres Verdienst
jeder Art; so mißt der Mensch sein Verhält=
niß gegen andre, denen diese Vorzüge fehlen,
durch körperliche Höhe, trägt stolz das Haupt
empor, nimmt eine ernste Mine, einen den=
kenden Blik an, und wird in seinem ganzen

Be=

Betragen um so verschloßner und kälter, je
mehr das eigene Bewußtseyn seines Werthes
ihm Selbstgenügsamkeit giebt. (Fig. 30.)
Die Fülle seiner Ideen macht Gang und Be=
wegung ausgreifend, weit; ihr langsamer Fort=
schritt, der eine Folge eben dieser Fülle ist,
macht sie feyerlich, anhaltend, verweilend. —
Ist es Geburt, Reichthum, Rang, irgend so
ein unbedeutender äußrer Vorzug, der dem
Menschen kein rechtes Bewußtseyn von Werth
giebt, und der, wenn er genossen werden soll,
erst bemerkt werden muß: so wird aus dem
stillen, in sich gekehrten Wesen des echten
Stolzes Geräusch und Gepränge; unzufrie=
den, sich bloß still zu erheben, bläht man sich
auf, sperrt die Füsse, rudert oder greift mit den
Händen weit um sich her, wirft sich, schlägt
das Haupt in den Nacken. (Fig. 31.) — Ist
es Muth, Festigkeit, Wiederstehungskraft; so
drängt der ganze Körper sich mehr zusammen;
die Muskeln werden gespannt, der Nacken ge=

steift,

steift, die Kniee angezogen und der Kopf zwi=
schen die Schultern genommen. (Fig. 32.) —
Ich weiß nicht, wie weit diese Reihe von Ski=
zen sich etwa fortsetzen ließe; aber da ich kei=
nen Anspruch auf Vollständigkeit mache, so
lege ich hier die Reißfeder nieder und überlasse,
was fehlt, Ihrer eigenen Einbildungskraft,
oder vielmehr, Ihrem eignen Beobachtungs=
geiste. —

Schon aus dem, was von der Bewunde=
rung großer oder erhabner körperlicher Gegen=
stände gesagt ward, müssen Sie die Bemer=
kung abgezogen haben: daß wir überall, wo
wir in die Betrachtung eines Gegenstandes
vertieft sind und unser eigenes Selbst von der
Vorstellung desselben nicht unterscheiden, ganz
die Beschaffenheit dieses Gegenstandes anzu=
nehmen suchen, uns ganz ihm ähnlich zu ma=
chen streben. Wir vergrößern uns selbst mit
dem Großen, erheben uns selbst mit dem Er=
hab=

habnen, werden ſanft mit dem Sanften. Bey
dem Anſchauen moraliſcher Vollkommenheit
iſt dieſe Vergeſſenheit des eigenen Selbſt, die=
ſer Gewinnvolle Austauſch deſſelben gegen
ein fremdes, noch weit mehr als bey bloß ſinn=
lichen Gegenſtänden möglich: und eben dieſer
Austauſch iſt die Hauptquelle jener geiſtigen
Wohlluſt, die wir bey Schilderung erhabner,
edler, feſter Charaktere, bey Erzehlung küh=
ner, großer, menſchenfreundlicher Handlun=
gen fühlen; wir erwecken in Uns ſelbſt den
Stolz, den Troz, die Herzenswärme, das
ſanfte Gefühl unſres Helden: und ſo müſſen
ſich denn dieſe Empfindungen, ſobald ſie mäch=
tig genug werden, um ſichtbare Veränderun=
gen hervorzubringen, gerade eben ſo in unſren
Gebehrden abmalen, wie die Empfindung ähn=
licher eigner Vortreflichkeiten ſich darinn ab=
malen würde. Ein Beiſpiel ſehen Sie im
Cymbeline des Shakeſpeare an dem jun=
gen Polydor, wenn er der Erzehlung von
den

den ehemaligen kriegerischen Thaten des Be=
larius mit alle dem Interesse zuhorcht, wel=
ches seine eigenen kriegerischen Talente und die
in ihm schlummernde Begierde nach Ruhm so
natürlich erzeugen mußten. „Dieser Poly=
„dor, sagt Belarius, der Erbe von Cym=
„beline und Britannien — Himmel! wenn
„ich auf meinem dreyfüßigen Stuhle sitze und
„die kriegerischen Thaten erzehle, die ich ge=
„than habe; wie fliegt sein ganzer Geist in
„meine Erzehlung! Sag ich: So fiel mein
„Feind und so sezt ich meinen Fuß auf seinen
„Nacken! — dann strömt das fürstliche Blut
„in seine Wange; er schwizt, spannt seine
„jungen Nerven und sezt sich in die Stellung,
„die zu meinen Worten die Gebehrde macht.
„Der jüngere Bruder, Radval, bringt in ei=
„ner gleichen Stellung Leben in meine Rede
„und zeigt zugleich noch weit mehr seine eige=
„nen Gesinnungen.“ *)

Da

*) Dritt. Akt, dritt. Auftr. Der Gedanke: er
sezt

Da alſo, wo wir uns ganz in die Perſon eines ándren hineindenken, iſt von dem Aus= druk der verſchiedenen Empfindungen, die wir aus der Seele dieſes andren in die unſrige gleichſam hinüberpflanzen, nichts Neues, nichts Eignes zu ſagen. Aber da, wo wir uns von dieſem andren unterſcheiden, wo wir uns viel= leicht ihm völlig entgegenſetzen, zeigen ſich zwey Empfindungen von eignem merkwürdigem Ausdruk: Verehrung, Liebe.

ſezt ſich in die Stellung, die zu meinen Wor= ten die Gebehrde macht, hat im Original einen Ausdruk, der von dem deutſchen Ueberſetzer freylich nicht ganz zu erreichen war:

— — — he puts himſelf in poſture,
That acts my words. — — —

Ein

Ein und zwanzigster Brief.

Verehrung ist Bewunderung eines moralischen Wesens, und zwar eine solche, bey der
wir es mit uns selbst in Vergleichung ziehen und seinen Vorzug vor uns empfinden.
Nur durch diese Vergleichung des Andren
mit uns selbst wird Verehrung Affekt des
Herzens, und gehört, wie ich zu spät gewahr
werde, als solcher nicht zu den angenehmen
Affekten. Indessen ist denn doch immer die
Empfindung im Ganzen angenehm, so lange nehmlich die Vorstellung der fremden Vollkommenheit ungleich lebhafter als die der eigenen Unvollkommenheit ist; und da, im entgegengesezten Falle, die Verehrung zu einer
ganz andren Empfindung von ganz verschie-
denem Ausdruk wird, wie wenn sie in Neid
und Mißgunst ausartet, oder doch ihr Aus-

R   druk

druk eine eigene Nüance annimmt, wie wenn
die Verehrung mit Furcht oder Scham verknüpft ist: so mag sie immer den Plaß, den
ich ihr unter den angenehmen Affekten des Herzens nun einmal anwieß, behalten. Der
Briefsteller hat ja ohnedieß keine so ängstlich-
genaue Methode, als der System- oder Com-
pendienschreiber.

So, wie in ihrem innren Wesen, so ist
auch in ihrem äussren Bezeugen die Verehrung das völlige Gegentheil des Stolzes.
Beyder Ausdruk geschieht durch Anwendung
einer und derselben Metapher, denn beyde mes-
sen das unsinnliche Verhältnis des moralischen
Vorzugs durch das sinnliche der räumlichen
Höhe; aber mit dem Verhältnis wird natürlicher Weise auch die Metapher umgekehrt und
bey der Verehrung erniedriget sich der Mensch,
wie er beym Stolz sich erhebt. Nicht allein
die Augenbraunen, der Mund, die welkern
Mus-

Muſkeln der Wangen ſenken ſich nieder, ſon=
dern in der Gegenwart des verehrten Weſens
auch der ganze übrige Körper; vorzüglich Haupt,
Arme, Kniee. Wenn der Orientaler die Hän=
de kreuzweis über einander auf die Bruſt legt,
indeſſen er den übrigen Körper ſenkt, ſo deutet
er mit dieſer Abänderung ohne Zweifel auf die
Innigkeit, die Herzlichkeit ſeiner Empfindung;
und wenn er die Arme dabey nahe an den Leib
drückt, ſo geſchieht das wahrſcheinlich zur Be=
zeichnung der Furcht, von der ich ſchon in ei=
nem frühern Briefe ſagte, daß ſie, eben wie
die Scham, der Verehrung nahe verwandt
ſey. Wie und wodurch ſie das ſey? leuchtet
ein. Wenn wir bey Vergleichung fremder
Macht mit der unſrigen die Schwäche der lez=
tren erkennen; was kann da anders entſtehen,
als Furcht? und wenn wir beſorgen müſſen,
daß unſre geringere Vollkommenheit ſich dem
Auge des Weſens voll höherer Vollkommen=
heit offenbaren werde; was kann da anders

R 2   entſte=

entstehen, als Scham? Eben diese Furcht oder
Scham verstärkt denn auch den Trieb zur Absonderung und Entfernung, der schon ohnehin
in der eigenen Natur der Empfindung gegründet ist. Denn der Ehrfurchtsvolle hält sich
für alle nähere Gemeinschaft zu schlecht, so
wie sich der Stolze dafür zu gut hält; jener
tritt daher, eben wie dieser, in die Entfernung, und macht den Raum, den er zwischen
sich und dem Gegenstande seiner Verehrung
läßt, zu einer neuen Versinnlichung ihres moralischen Abstandes. Nur in diesem Einen
Ausdruk sind die beyden Affekten des Stolzes
und der Verehrung einander ähnlich; allein
die ganze Aehnlichkeit liegt denn doch nur im
Aeussern, denn in dem innern Geiste des
Spiels sind sie wieder völlig verschieden.

Gegen die Behauptung: daß Erniedrigung des Körpers ein unter allen Nationen ge-
bräuchlicher Ausdruk der Verehrung sey, lies-
sen

fen Sie sich in einem frühern Briefe einen
kleinen flüchtigen Zweifel merken, den ich da=
mals nicht gleich verstand. Sie meynten: es
könnte doch irgendwo, in irgend einem ent=
fernten Meere, ein Völkchen geben, das eine
Ausnahme machte, und ich müßte mich sehr
irren, oder Sie hatten jenes unschuldige, lie=
benswürdige Völkchen auf O-Tahiti im Sin=
ne. Wahr ist es, daß Hawkesworth die
dort gewöhnliche Entblößung des Oberleibes
ohne Bedenken für Ausdruk der Verehrung
erklärt; *) allein es fragt sich noch: ob mit

Grun=

*) S. Geschichte der neuesten Reisen um die Welt.
B. 2. S. 437 der deutsch. Ueberf. in 8. —
„Sobald man sie (den jungen Erben der Re=
„gierung und seine Schwester) von weitem
„kommen sah, entblößte Oberrea und verschie=
„dene andere Eingebohrne, die im Fort wa=
„ren, Kopf und Oberleib bis auf die Hüften
„hinab und gingen jenen in diesem Aufzuge
„entgegen. Eben diese Ceremonie machten
R 3 „auch,

Grunde? Denn wie, wenn dieses Entblößen,
wenigstens seinem ursprünglichen Sinne nach,
eher ein Zeichen offener Redlichkeit, freymüthi-
ger Unschuld wäre, die in ihrem Busen nichts
Arges, nichts Gefährliches verbirgt? Wie,
wenn die ältere Geschichte dieses Volks uns
nur bekannter seyn dürfte, um darinn einen
noch nähern Anlaß zu einer so eignen Ceremonie zu finden? — Daß die Insulaner den
nächsten Erben der Regierung und seine ihm
verlobte Schwester so durchaus nicht im Fort
der Engländer dulden wollten und manchmal
die Regenten selbst so vorsichtig und zurükhal-
tend waren, zeigt eine Aengstlichkeit an, die
meine Muthmaßung beydes erklärt und bestättigt.

„auch, während der Annäherung, alle übrigen
„ausserhalb dem Fort befindlichen Indianer
„jenen erstern nach; folglich muß hier das
„Entblößen des Leibes, allem Ansehen nach,
ein Zeichen der Ehrfurcht seyn."

tigt. *) — Doch, wie dem auch sey; so ist
noch immer Ursprung und Bedeutung jener
Ceremonie viel zu dunkel, um daraus einen
gültigen Einwurf gegen die Allgemeinheit eines Gebehrdenspiels zu ziehen, das sich unter
allen übrigen bekannten Nationen findet. Auch
wird durch jene Besonderheit der allgemeine
Ausdruk der Verehrung eben so wenig, als
durch die bey uns gewöhnliche Entblößung
des Hauptes ausgeschlossen: und so würde nur
dann Ihr Einwurf gültig seyn, wenn Hawkesworth oder Forster irgendwo ausdrüklich sagten, daß die Insulaner der Südsee bey
ihren Ehrenbezeugungen sich nie zu verbeugen
pflegten. Das sagen sie aber nirgends, und es
sollte mir eben nicht schwer fallen zu zeigen,
daß sie wohl eher das Gegentheil sagen. — —

R 4 An=

*) Ebendas. Vergl. Forsters Reise um die Welt.
B. I. S. 252.

Anders, als bey der Verehrung, ist die
Ansicht der fremden Vollkommenheit bey der
Liebe: denn wenn bey jenem Empfindnisse die
Vollkommenheit, ihrem Grade nach, mit der
unsrigen bloß verglichen wird; so wird sie, bey
diesem, nach ihrer vortheilhaften Beziehung
auf die Vollkommenheit unser selbst betrachtet
und, als zu unsrer eignen Glükseligkeit beytra-
gend, mit Sehnsucht umfaßt. Schon die bloß
sinnliche Schönheit erzeugt ein der Liebe ähnliches sanftes Gefühl; die eigentliche Liebe aber
— die Sie mit dem rohen Geschlechtstrie-
be dieses Namens nicht verwechseln müssen
— bezieht sich doch immer mehr auf Eigenschaften des Charakters, vorzüglich des Herzens, und zwar auf solche, deren Aeusserungen, eben wie die Schönheit, unmittelbar für
die Empfindung angenehm und einschmei-
chelnd sind. Wenn sich mit diesen Eigenschaften noch die eigentliche körperliche Schönheit vereinigt; wenn noch überdieß jener mäch-
tige

tige Trieb der Geschlechtsliebe oder der ihm nahe verwandte älterlicher Zärtlichkeit hinzukommt: so wird dann freylich die Empfindung zu höhern Graden geschwellt und ihr Ausdruk redender und beseelter. Auch die gründlichern, die mehr dem Verstande als der Empfindung sich empfehlenden Vollkommenheiten können Liebe erzeugen; allein der Ausdruk dieser Liebe ist mehr der vage einer ernsten stillen Zufriedenheit: und wir thun also besser, wenn wir sie, unter dem Namen der Gewogenheit und Freundschaft, jener weit charakteristischern, durch eine ganz eigene Weichheit, Zärtlichkeit, Sanftheit sich auszeichnenden Empfindung entgegensetzen.

Die Mühe, Ihnen den eigenen Ausdruk dieser Empfindung zu schildern, hat mir schon ein englischer, und die andere Mühe, ihn zu übersetzen, ein deutscher Weltweiser abgenommen. „Wenn Gegenstände der Liebe und

R 5 „des

„des Wohlgefallens, sagt Burke, *) uns
„vor Augen sind; so wird der Körper, in so
„weit ich es bemerkt habe, in folgenden Zu=
„stand versetzt. Der Kopf beugt sich etwas
„auf die eine Seite; die Augenlieder sind
„mehr als gewöhnlich geschlossen; das Auge
„bewegt sich ruhig mit einiger Richtung gegen
„den Gegenstand; der Mund ist ein wenig
„geöfnet; man athmet langsam und dann und
„wann mit einem tiefen Seufzer; der ganze
„Körper ist in sich gekehrt und die Hände sin=
„ken nachläßig zur Seite. Alles dieses wird
„mit einer innern Empfindung von Ohnmacht
„und Mattigkeit begleitet.“ — Was folgt,
ist eine Anmerkung, die, ein wenig allgemei=
ner gemacht, für alle Arten von Ausdrücken
wahr ist, daher ich es um so lieber mit hersetze.
„Nach dem Grade der Schönheit in dem Ge=
„gen=

---

*) Philosoph. Unters. über den Ursprung unsrer
    Begriffe vom Erhabnen und Schönen. S. 250.

„genſtande und der Empfindlichkeit bey dem
„Beobachter, werden dieſe Erſcheinungen
„mehr oder weniger ſichtbar. Und auf dieſe
„Stufenfolge, die von dem höchſten Gipfel
„der vollkommnen Schönheit in dem Gegen=
„ſtande und einer ſchwärmeriſchen Liebe in
„dem Zuſchauer bis zu dem unterſten Grade
„der Mittelmäßigkeit in dem einen und der
„Gleichgültigkeit in dem andern herabſteigt,
„muß man nothwendig Rükſicht nehmen,
„wenn man unſre Beſchreibung nicht über-
„trieben finden will, welches ſie ſicher nicht
„iſt.“

Da die von Burke angegebenen Verän=
derungen faſt alle von der Klaſſe der phyſiolo=
giſchen ſind, deren Erklärung ich ſcheue; ſo be=
gnüge ich mich mit ihrer bloßen Anzeige und
ſage nur noch ein paar Worte von den Hand=
lungen, in welche zum Theil zwar auch die
Gewogenheit und Freundſchaft, vorzüglich
aber

aber die Empfindung der Liebe, so gerne ausbricht.

Der erste wesentlichste Trieb der Liebe ist
der, den Aristophanes beym Platon in einer so possierlichen und doch auch so. Jdeen-
reichen Dichtung vorträgt; der Trieb nach
Vereinigung und Gemeinschaft, der bey voll-
kommnerer Harmonie der Seelen oft so mächtig ist, daß, nach dem Ausdruk des griechischen Komikers, wenn Vulkan vom Himmel
käme, um beyde Liebende zu Einem Wesen
zusammenzuschmieden, sie es innigst zufrieden
seyn würden. *) Diesem Triebe gemäß, schlagen die Liebenden Hand in Hand, schlingen
Arm in Arm, umfassen sich bald den Leib, bald
den Nacken, lehnen einer an des andren Busen ihr Haupt, wärmen Wange an Wange,
drücken Lippen an Lippen. Auch die höhere,

die

*) Platon. Sympos. Ed. Wolf. p. 52.

die von sinnlicher Wohlluft und körperlichem
Vermischungstriebe weit entfernte, Freund-
schaft bezeugt ihr inneres Wohlwollen, ihr
Verlangen nach gegenseitiger Mittheilung der
Seelen, ihre Harmonie in Empfindungen,
Wünschen, Ideen, durch Verbindung oder
Berührung der Körper; sey es durch Hand-
schlag, oder durch Kuß und Umarmung, oder
durch irgend sonst ein Mittel, das unter einem
Volk zur Nationalsitte geworden. Der Ein-
wohner von Madagascar, dem die lebhaftern
Ausdrücke der Liebe fremd sind; begnügt sich,
seine Hand auf die Hand des Freundes, ohne
Druk und Umarmung, zu legen *), und der
Neuseeländer, wenn er sein Wohlwollen be-
zeugen will, drückt Nase an Nase, wie wir
Europäer Lippen an Lippen drücken.

Ein zweyter, der Liebe gleich natürlicher
Trieb ist: den Zustand des Geliebten zu ver-
bes-

*) Sonnerats Reise ꝛc. Leipz. Ausg. S. 317.

beſſern, ſeine uns ergötzende Vollkommenheit beydes ins Licht zu ſetzen und zu vermehren, ſein Wohlwollen, ſeine Gewogenheit — die ergötzendſte aller ſeiner Vollkommenheiten — durch auferlegte Verbindlichkeit entweder erſt zu erwerben oder doch zu verſtärken, und wenn er vorzüglich auch durch Schönheit ge-fällt, dieſe ſeine Schönheit zu erhöhen und Al-les, was ihre Reize ſchwächt oder verſteckt, zu entfernen. — Wenn Schröder, als Haupt-mann Weyſort, ſeine ihm entflohene Toch-ter wiederfindet, und er nun ſchon anfängt, den Betheurungen von ihrer Unſchuld Glau-ben zu geben; *) ſo ſtreicht er ihr, unter güti-gem Zureden, das unordentliche Haar, das ihr von der ſchlafloſen Nacht her in die Stirne hängt, mit ſanfter zitternder Hand aus dem Geſichte. Fühlen Sie nicht, auch wenn Sie ſich dieſes Spiel nur denken, wie viel darin Wahr-

*) Im Schmuck v. Sprickmann, 4. Aufz. 7. Auftr.

Wahrheit, Natur und Herz liegt? Der zärt=
liche Vater will sich den freyen, den vollen
Anblik seines schon zu lange entbehrten Kin=
des öfnen; er kann an der ihm so reizenden,
lieben Gestalt keinen Schatten, keine neidische
Hülle dulden; er mögte, wie das Haar aus
dem Gesichte, so auch jeden Ueberrest von
Gram aus dem Herzen des Mädchens hin=
wegstreicheln; mögte sie in dieser liebreichen
kleinen Sorgfalt fühlen lassen, welchen Vater
sie hat, und indem er ihr dadurch Freudigkeit
und Vertrauen zurükgiebt, sie mit neuen Ban=
den kindlicher Dankbarkeit an sich fesseln. Zü=
ge dieser Art, worin sich so auf einmal die gan=
ze Seele abdruckt und die dabey so einfältig,
so leicht scheinen, als ob sie sich ungesucht ei=
nem jeden darbieten müßten, charakterisiren
den Mann von Genie: und da an Männern
von Genie in keinem Fache Ueberfluß ist; so
sehen wir leider! solche Züge eben so selten,
als wir sie hören. —

Ich

Ich werfe, bey Gelegenheit der Liebe, noch
eine flüchtige Anmerkung über die Modifica-
tionen her, welche die Affekten des Anschauens,
eben so wohl als die Begierden, von ihrem
Gegenstande annehmen. Die Liebe, z. B.
hat etwas ganz Eignes, wenn sie fromme An-
dacht oder sonst in sich gekehrte Beschauung
irgend eines holden Wesens der Phantasie ist,
das weder in der That den äußren Sinnen
vorschwebt, noch jezt als ihnen vorschwebend
gedacht wird. Der sich mehr verbergende
Augapfel, der auf keinen festen Punkt gerich-
tete und daher minder Lichtvolle, gleichsam
nach innen zurükgezogene Blik, das Schwim-
mende, Trübe, Umwölkte des ganzen Auges
ist in dieser Nüance das Merkwürdigste, und
wird am Ende bleibender physiognomischer
Zug des immer in solchen Ideen versenkten
Frömmlings und Schwärmers. Mit Zügen
der Wehmuth verbunden, verräth ein solches
Auge inneres geistiges Leiden, ein stilles Brü-
ten

ten der Phantafie über fchwärmerifchen Ideen
von der traurigen, fchwermüthigen Art. Et=
was Aehnliches ließe fich von der Verehrung
und noch fo Manches auch von andren Mo=
dificationen fagen; aber es find der wichtigern
Materien noch zu viele zurük, als daß ich mich
bey diefer aufhalten follte.

S   Zwey

Zwey und zwanzigster Brief.

Also meynen Sie, daß meine bisherige Schilderung des Ausdruks der Liebe noch höchst unvollständig sey, und daß ich diesen Affekt nicht bloß als süße Empfindung des Glüklichen hätte ansehen sollen,

— cui placidus leniter afflat amor; *)

sondern auch als herbe Empfindung des Elenden,

— quem durus amor crudeli tabe peredit? **)

Sie vergessen, mein Freund, daß wir hier noch bloß mit den angenehmen Affekten zu thun haben, und daß wir auch von diesen angenehmen Affekten fürs erste nur die reinen

*) Tibull. El. L. II. El. I. v. 80.
**) Virg. Aen. L. VI. v. 442.

nen, einfachen Ausdrücke, so wie überhaupt
nur die bestimmtern, die eigenthümlichern, haben betrachten wollen. Wenn also die Ausdrücke der traurigen, sorgenden, verzweifeln-
den Liebe entweder ganz die Ausdrücke anderer Affekten oder doch mit denen dieser andren Affekten innig vermischt sind; so hab
ich ja wohl sehr Recht gehabt, wenn ich ihrer entweder gar nicht oder doch noch hier
nicht erwähnte? Und eben so Recht, sollt ich
denken, wenn ich auch nichts von der Hochachtung sagte. Denn der Ausdruk dieser Empfindung, wie der flüchtigste Blik auf die
Zeichnung beym Le Brun Sie lehren kann,
hat durchaus nichts Eignes und Unterscheiden-
des; er ist bloß von der Verehrung erborgt,
aber zugleich herabgestimmt und gemildert. —

Lassen Sie uns die Untersuchung der unangenehmen Affekten des Anschauens mit dem
Gegentheil der Verehrung anfangen, welches

die

die Verachtung, und mit dem Gegentheil der
Selbsterhebung, welches die Scham ist. Je=
ne Empfindung ist Herabwürdigung Anderer
in Vergleichung mit uns selbst, indem wir un=
sre eignen Personen, Eigenschaften, Ideen
höher als die ihrigen schätzen; diese ist erkann=
te Herabwürdigung unser selbst in der Vor=
stellung Anderer, indem wir irgend eine un=
srer Unvollkommenheiten oder Schwachheiten
verrathen finden. Kommt zu dieser Herab=
würdigung noch die Idee hinzu, daß die frem=
de Unvollkommenheit, oder die ungünstige
Meynung Anderer von uns selbst, irgend ei=
nen reellen schädlichen Einfluß haben könne;
so sind die Empfindungen, wenn auch nicht ganz
verschiedenartig, doch wenigstens nicht mehr
rein: Scham fängt an, sich mit Furcht, und
Verachtung, sich mit Haß und Widerwillen
zu mischen. — Ich erinnre Sie jezt aus=
drüflich, daß ichs hier bloß mit reinen Affek=
ten zu thun habe und daß ich also auch Ver=

ach=

achtung und Scham nur ansehe, insoferne sie
bloß aus nachtheiligem Urtheil, ohne mitver-
bundene Vorstellung irgend eines reellen schädlichen Einflusses, entspringen.

Das Spiel der Verachtung ist Selbsterhebung des Stolzes, der von jener Empfindung nur dadurch zu unterscheiden ist, daß er
mehr die eigene Vollkommenheit, so wie die
Verachtung mehr die fremde Unvollkommenheit, denkt; ferner, Wegdrehen des Körpers
in halbverwandter Stellung, flüchtig von der
Höhe herabgeworfener, oft nur seitwärts über
die Achsel hinschielender Blik, als ob der Gegenstand keiner nähern, sorgfältigern Betrachtung würdig wäre, zuweilen auch Ausdruk des
Ekels durch gerümpfte Nase mit etwas in die
Höhe gezogener Oberlippe: und wenn der
Verachtete von sich selbst einen vortheilhaften
Begrif zu haben, unsrem Urtheil zu trotzen
scheint, höhnisches Ausmessen mit dem Auge,

S 3   indem

indem sich das Haupt ein wenig zur Seite neigt, als ob man Mühe hätte, die ganze Niedrigkeit des Menschen von seiner Höhe herab gewahr zu werden; mitleidiges spöttisches Achselzucken und stilles Lächeln über den wahrgenommenen Contrast zwischen eingebildeter Größe und wirklicher Kleinheit. Sind die Gegenstände, die unsere Verachtung erregen, nicht Personen, sondern Sachen — obgleich die letztern immer nur in Beziehung auf Personen, ihre Fähigkeiten und Urtheile, pflegen verachtet zu werden; — so deuten wir gemeiniglich unsre Geringschätzung durch Wegwerfen, Zurückschieben, in die Luft Schleudern an und tragen figürlich diese Ausdrücke auch auf verächtliche moralische Gegenstände über, auf Ideen, Gesinnungen, Charaktere. — Einer der kränkendsten Ausdrücke der Verachtung ist völlige Vernachläffigung des Mitunterredners, Nichtbeachtung seiner Person, Handlungen, Leidenschaften, indem man entweder

weder völlig ruhig dasteht, oder auch aller=
hand kleine Handlungen vornimmt, bey wel=
chen man ihn ganz zu vergessen, seine Gegen=
wart gar nicht inne zu werden scheint. Töd=
tend wird diese Nichtbeachtung, wenn eben
der andere vor Hitze ausser sich ist: denn mit
dem stärksten Affekte, der immer eine Erhö=
hung unsrer Natur, ein Zusammenraffen ih=
rer gesammten Kraft zu einer einzigen Wirkung
ist, diese Wirkung verfehlen, und sie so ganz,
mit solcher Schande verfehlen, daß man auch
nicht die flüchtigste Aufmerksamkeit damit er=
regt; das ist eine Art von Vernichtung unsres
ganzen Werths, unsres Wesens. Daher
wirkt es so sehr, wenn der eine Schauspieler,
indem sich der andre vor Wut zerreissen mög=
te, ruhig in seinen Geschäften fortfährt, in ei=
nem Buche blättert, zum Zeitvertreib Tobak
nimmt, sich die Federn vom Kleide liest, ein
lustiges Liedchen trellert. — —

S 4   So

So wie die Verachung, so hat auch die Scham, nach Verschiedenheit der Umstände, ein verschiedenes Spiel: das eine Mal z. B. wird sie fliehen, das andre Mal Stand halten, nachdem ihr dieses oder jenes zur Bemäntelung der entdeckten Schwachheit dienlicher scheint. Die am Badeplatz überraschte Nymphe wird, nach wieder ergriffenem Gewande, so schnell als möglich in das nahe Gebüsch eilen, um dem muthwilligspähenden Satyr aus dem Auge zu kommen: der einer moralischen Unart Angeklagte wird eben dadurch, daß er bleibt, seine Schwachheit abzuläugnen, das nachtheilige Urtheil zu widerlegen suchen. Und nachdem sein Fehler entweder mehr oder minder offenbar, seine Dreistigkeit und Verstellungsgabe größer oder geringer, der Andre ihm gleichgültiger oder ehrwürdiger ist, wird er bald durch allerhand verwirrte Bewegungen, wie durch allerhand gestotterte Ausreden, seine Begierde verrathen, dem nachtheiligen

Ur=

Urtheil auszuweichen; bald durch ein steifes unbewegliches Dastehen, verbunden mit einem todten unmuthigen Stillschweigen, seine Ohn= macht bekennen, die Beschämung abzuläug= nen. — Sie müssen es, denke ich, oft und besonders an schwachen, durch ihre Einfalt hülflosen, Köpfen bemerkt haben, daß sie, bey lebhafterer Beschämung, wie zu Bildsäulen erstarren und weder zu gehn noch zu bleiben wissen. Das höchstunangenehme Gefühl ih= rer aufgedeckten Blöße, das durch die Gegen= wart des Andren immer unterhalten und ge= schwellt wird, macht es ihnen äusserst Wün= schenswürdig, sich zu entfernen: zugleich aber fürchten sie, das nachtheilige Urtheil dadurch anzuerkennen; sie mögten so gerne irgend et= was dagegen vorbringen, wenn sie nur nicht besorgen müßten, Uebel ärger zu machen und durch einfältigs Benehmen der Ursache zur Verachtung noch mehr zu geben. Das erhält sie dann unbeweglich in ihrer peinlichen halb=

ver=

verwandten Stellung, deren albernes Ansehn sie wohl empfinden und, im fruchtlosen
Suchen nach Hülfsmitteln, an irgend einem
Theil ihrer Kleidung zu pflücken und zu zupfen
anfangen. Man heiße sie sich entfernen, und
man wird sehen, wie sie es nur mit unwillig
verweilendem Schritt thun, oder wohl gar,
ohne irgend eine eigne Bewegung zu machen,
sich stöckisch überall hinschieben lassen, wohin
man will. Das Sträuben gegen jede Art
von Bekenntniß, von Nachgeben gegen die
Verachtung, währt bey aller Begierde sich los-
zureissen fort und wird nur um so steifer und
hartnäckiger, je sichtbarer die eigene Schwachheit und je entschiedener die dadurch veranlaß-
te nachtheilige Meynung werden.

Eins indessen bleibt dem Beschämten, auch
bey dem hartnäckigsten Verlangen sich der
Verachtung zu erwehren, unmöglich: er kann
in das Auge des Andren keine freyen, zuver-
sicht-

sichtlichen Blicke werfen. Schon, wo er nur noch Verdacht hegt und in den Minen des Andren erst spähen will, wie er über ihn urtheile und ob seine Schwachheit ihm wirklich sichtbar geworden; schon da ist sein Auge wie ein scheuer, immer zur Flucht gefaßter, Kundschafter, der seine Gefahr, wenn er betreten würde, kennt und sich weder Muth noch Geschicklichkeit zutraut, ihr zu begegnen. Der Beschämte weiß, wie sichtlich und unverkennbar sich in den Gesichtsminen überhaupt und vorzüglich im Auge das eigene Bewußtseyn ausdrukt; er mögte das seinige so äußerst ungern verrathen: und so muß er Gesicht und Auge vor jedem Blik des Andren zu verwahren, muß seine eigenen Blicke, deren anziehende Kraft er fühlt, so viel möglich zurükzuhalten suchen. Ist die entdeckte Schwachheit zu sichtbar, das Urtheil des Andren zu sehr außer Zweifel gesezt; so heftet sich nun plözlich der Blik gegen den Boden, und das Verlangen

gen nach Rechtfertigung hat nun nicht mehr die Kraft, ihn wieder bis zum Gesichte des Andren, am wenigsten bis zu seinem Auge, hinaufzuheben: denn wie groß auch immer dieses Verlangen sey; so ist doch die Furcht, sich ganz zu verrathen, noch größer, und vollends ist der Abscheu unüberwindlich, von den Gedanken und Empfindungen des Andern die ganze schnelle vollständige Kenntnis zu erlangen, die sein Minenspiel so sicher gewähren würde. Man mag in ein Gesicht, worin man sich seine Mängel so unverkennbar vorgehalten glaubt, in ein Auge, worin man seine eigene Gestalt unter so ungünstigen Umständen nicht nur deutlich abgebildet, sondern zugleich von dem Andern so unmittelbar erkannt sehen würde, noch weit weniger einen Blik thun, als das eitle aber häßliche Mädchen in einen Spiegel. Nichts ist daher auch dem völlig Beschämten empfindlicher, als wenn man sein Auge ausdrüklich sucht; er drükt das Gesicht, so

viel

viel er kann, gegen den Busen, steift den Nacken gegen jede Bemühung, ihm den Kopf in
die Höhe zu heben, und verwendet entweder
oder versteckt auch den scheuen Lichtleeren Blik
hinter dem Liede. — Alle diese Bemerkungen überzeugen uns, wie vollkommen wahr
der Ausspruch des Aristoteles sey: die Scham
ist im Auge. *) —

Von dem noch übrigen physiologischen
Ausdrucke der Scham, dem Erröthen der
Wange, sage ich nichts: Sie mögen selbst
die ebenangeführte Stelle im Aristoteles
nachsehn, wenn Sie Lust haben, über eine
mißlungne Erklärung den Kopf zu schütteln.
Was die Physiologen von gewissen Nerven-
schlingen vorbringen, die bald so bald anders
die Pulsadern des Kopfes afficiren, bald das
Blut in den Gefäßen anhäufen, bald es davon

*) Problemat. Sect. XXXI. Quaest. 3.

von zurückhalten; das mag an sich völlig wahr
seyn: aber zur Beantwortung der eigentlichen
Frage ist damit noch wenig gewonnen. Denn
nicht das will man wissen: ob und wie durch den
Mechanismus des Körpers Erblassen und Erröthen möglich sey? sondern: warum dieser
Mechanismus bey den Leidenschaften ins Spiel
gerathe, und bey der einen so, bey der andern
anders ins Spiel gerathe? Ich bin froh,
durch die Absicht unsres Briefwechsels und
durch meine einmal gethane Erklärung der
ganzen Untersuchung überhoben zu seyn: denn
so leicht es ist, sich darauf einzulassen, so schwer
ist es bey der Dunkelheit der Materie, sich
wieder herauszufinden.

Drey

Drey und zwanzigster Brief.

Man kann verachten und zugleich haſſen, ſich ſchämen und zugleich Reue fühlen; aber man kann auch ohne Haß verachten und ohne Reue ſich ſchämen: jenes, wenn man die fremde Unvollkommenheit als unſchädlich für ſich ſelbſt und für Alles, was man liebt, be= trachtet; dieſes, wenn man in der eigenen Schwachheit nichts als Schwachheit erkennt, deren Mangel vielleicht größere Unvollkom= menheit wäre, und wovon man nur dem An= dren nicht die zu klare, lebhafte Idee gönnt. Diejenigen unangenehmen Affekten, zu denen ich jezt übergehe, ſind von einer andren Na= tur; ſie entſtehen aus Vorſtellung wirklicher, unſre Glückſeligkeit einſchränkender, vielleicht ſie zerſtöhrender Uebel. Ich finde, für den Gebrauch der Mimik, ihrer nur viere zu un=
ter=

terſcheiden. Zwey davon beziehen ſich auf die Urſache, zwey auf die Empfindung des Uebels.

Die beyden erſtern, die ſich auf die Urſache des Uebels beziehen, ſind nichts als ſtumme, gehaltene, in ihrer Wirkſamkeit gehemmte, vielleicht auch nur ganz dunkel empfundene Begierden, entweder anzugreifen, oder ſich loszureißen; das lezte nicht immer aus eigentlich ſogenannter Furcht, bey der man ſich gern eine Art von Achtung gegen den Beleidiger oder eine unmittelbare Rükſicht auf ſich ſelbſt denkt; oft aus ganz andren, entweder auf Verachtung oder auf ſonſtige Liebe und Hochſchäzung des Beleidigers ſich gründenden, Bedenklichkeiten. Wenn der Gatte von einer geliebten Gattinn gekränkt, der vornehme Mann von einem Elenden aus dem Pöbel beſchimpft wird, mit welchem ſich einzulaſſen Schande wäre: ſo halten beyde ihren vielleicht ſchon gährenden, aufbrauſen=

den

den Zorn; der eine, um des Gegenstandes sei=
ner Liebe; der andre, um seiner eignen Ehre
zu schonen, und beyde könnten, bey diesem
Kampfe mit ihrem Zorn, bey diesem Zurük=
ziehen desselben in ihr Innres, nicht anders als
ob sie wirkliche Furcht empfänden, erblassen
und zittern. Man nennt diese Empfindung
gemeiniglich Aergernis und druft damit die
Mischung von Zorn und von eben dem aus,
wofür ich den allgemeinen Namen suche, aber
in der Sprache nicht finde. Die nähere Be=
schreibung von den äussren Zeichen dieses Af=
fekts haben Sie in meinem siebzehnten Briefe,
und zwar in der Stelle gelesen, die ich aus ei=
nem unsrer besten Philosophen und Schrift=
steller entlehnte. Hier hieß die Empfindung
Unlust über eine empfangene Beleidigung; eine
Benennung, mit der ich nur darum mich nicht
begnüge, weil sie mir das Wesen des Affekts
und seinen Unterschied von den übrigen ihm ent=
gegenstehenden Affekten nicht so genau angiebt,

T   als

ich es hier wünschte. Sie drukt nicht so, wie
Verdruß, die Beziehung desselben auf die Ur=
sache der unangenehmen Empfindung aus, da
wir vor ihr uns furchtsam oder schonend zurük=
ziehen, statt daß wir beym Verdruß uns ihr
zu nähern und sie anzugreifen geneigt sind. —
Verdruß, erinnre ich noch, wird Haß, wenn
man ein moralisches Wesen als Ursache seines
unglüklichen Zustandes klar erkennt: es findet
sich aber in dem Gebehrdenspiel dieses Hasses
nichts Eignes, ausser daß in der Gegenwart
des Gehaßten, der zürnende Blik vielleicht auf
ihn hingerichtet und der Körper unwillig von
ihm verwandt wird.

Ueber die beyden andren Arten unange=
nehmer Affekten, die sich auf die Empfindung
des Uebels selbst beziehen, muß ich weitläufti=
ger seyn. Ich nenne sie Leiden und Schwer=
muth. Leiden ist ein unruhiger, thätiger Af=
fekt, der sich durch Spannung der Muskeln
äussert;

äuſſert; es iſt innerer Kampf der Seele gegen
die ſchmerzhafte Empfindung, inneres Beſtre=
ben ſie zu überwinden und ihrer loszu werden:
Schwermuth dagegen iſt matt, unthätig, ſchlaff;
ſie iſt völlige Abſpannung der Kräfte, völliges
ruhiges Hingeben, ohne Widerſtand weder ge=
gen die Urſache, noch gegen die Empfindung
des Uebels. Jene, die Urſache des Uebels, iſt
entweder ganz über uns erhaben oder doch jezt
nicht mehr zurükzuhalten; auch wollen wir ent=
weder oder können doch nicht an Rache denken:
dieſe, die Empfindung, hat unſren Widerſtand
ſchon ermüdet, unſre Kraft ſchon geſchwächt
und eben dadurch von ihrer Heftigkeit ſchon
verloren. Das erſte Gefühl der ihrer Kinder beraubten Niobe war Betäubung; das
zwente wütender Schmerz; erſt das dritte war
Schwermuth: denn nicht eher, als bis ſie in
ihr Vaterland ſchon zurükgekehrt war, erzeig-
ten ihr die Götter die Gnade, ſie in Fels zu
verwandeln.

T 2

Cice-

Cicero glaubt, man habe durch diese Dichtung von der Verwandlung der Niobe das ewige Verstummen der Traurigkeit andeuten wollen; *) und allerdings ist diese Erklärung natürlich genug, um sie anzunehmen. Urtheilen Sie indessen, ob nicht eine andre, die mehr mimisch ist, noch natürlicher seyn sollte. Unbeweglichkeit, deucht mir, ist eine Eigenschaft, die man sich bey dem Bilde des Felsens noch leichter als das Verstummen vorstellt, und volle tiefe Traurigkeit, wie man sich die einer so ganz und so schreklich beraubten Mutter denken kann, ist in der That unbeweglich; sie ist ganz in die Vorstellung ihres unglüklichen Schiksals versenkt: und so wie die Seele nur diese Eine Idee anstarrt; so behält auch, nach einer schon oft bemerkten Analogie,

der

*) Tuscul. Quaest. L. III. c. 26 Niobe fingitur lapidea, propter aeternum, credo, in luctu silentium.

der ganze Körper nur Eine Lage *). Noch
ein andrer Vergleichungspunkt, der mir nicht
minder richtig scheint, ist Fühllosigkeit: denn
tiefe, in ihre düstren Ideen vergrabne, Schwer=
muth ist gleichgültig gegen Alles, was um sie
vorgeht: sie achtet auf keine Handlungen, kei=
ne Reden der Andren; sie hebt um keines
neuen anlockenden Gegenstandes willen den ge=
senkten Blik von der Erde. Einige der so
durchgängig schönen Situationen in Richard=
sons Geschichte der Clementine werden Ihnen
dieses besser als alle die Beyspiele erläutern, die
ich von der Bühne entlehnen könnte. Wie
dringend muß einmal der General die sonst so

T 3   gefäl=

---

*) Vergl. Ovid. Metamorph. L. VI. Fab. 3. v.
303 - 309, wo die Verwandlung der Niobe
ebenfalls durch Unbeweglichkeit, aber durch die
der ersten Betäubung, erklärt wird.

Diriguitque malis. — —
—   —   Lumina mœstis
Stant immota genis: nihil est in imagine vivi. —
Nec flecti cervix, nec bracchia reddere gestus,
Nec pes ire potest. — —

gefällige Schwester bitten: „ Verschmähen Sie
„uns nicht! Verachten Sie uns nicht! Wenn
„ Sie uns lieben, so sehen Sie uns freundlich
„an!" *) Und da sie ihm willfahrt und gerne
lächeln mögte — — Aber ich glaube, ich
will das Ihnen, einem so fleißigen Leser Gran=
disons, erzehlen, der gewiß die Episode aus=
wendig weiß?

Von dieser, in den höchsten Graden der
Schwermuth sich äußernden, Unbeweglichkeit
und Fühllosigkeit zeigt sich, in geringern Gra=
den, schon der Anfang in Trägheit und Kälte.
Alles hängt an dem Traurigen und sinkt ein;
der Kopf fällt, matt und schwer, gegen die
Seite des Herzens; alle Junkturen, des
Rückens, des Nackens, der Arme, der Fin=
ger, der Kniee, sind schlaff; die Wangen welk,

. die

*) Geschichte Herrn Carl Grandison. D. Ueberf.
   Th. V. Br. 1.

die Augen auf den traurigen Gegenstand hinge=
heftet, oder wo dieser abwesend ist, zu Boden
geschlagen; der ganze Körper hat einen Hang
gegen die Erde:

ad humum mœror gravis deducit; *)

jede Bewegung der Glieder ist langsam, ohne
Kraft, ohne Leben; der Gang gehindert,
schwerfällig, sich so nahe am Boden fortschlep=
pend, als ob an den Füßen Gewichte hingen;
alle Ausdrücke anderer, vorzüglich auch der
sympathetischen, Empfindungen verlieren ihr
Feuer; die Sorge zu gefallen hört zugleich mit
der Theilnehmung auf; das Aeusserliche wird
nachlässig, wie der Anzug Hamlets, wenn er
mit aufgerissenem Wamms, ohne Hut auf dem
Kopf, mit schmutzigen Strümpfen, die ohne
Kniebänder auf den Knöchel fallen, zu Ophe=
lien kommt, **) oder wie die Kleidung An=

T 4   ti=

---

*) Horat. de arte poët. v. 110.

**) Zweyt. Akt, erst. Auftr.

tiphilens, nach dem Gemälde, das Syrus
von ihr giebt;

— — — Offendimus
Mediocriter vestitam veste lugubri —
Sine auro ornatam, ut quae ornantur sibi,
Nulla mala esse re expolitam muliebri:
Capillus passus, prolixus, circum caput
Rejectus negligenter. —*)

Setzen Sie zu diesen Zügen noch die Blässe
der Farbe, das oft in der Gegend der Stirne
von der Hand sanft und lose umspannte Haupt,
die von den Fingern bey dieser Attitüde gern
beschatteten Augen, den Hang zur Einsamkeit

und

*) Terent. Heautontim. Act. II. Sc. 3. v. 44-50.
Ich finde, indem ich die Stelle wieder nach-
sehe, daß Syrus mit dieser Erzählung dem
Klinias eigentlich nur bedeuten will: seine
Geliebte habe gewiß, während seiner Abwe-
senheit, nicht an andre Eroberungen gedacht;
weil sie sonst ihren Putz nicht so ganz würde vernachläßiget haben; aber der Zusam-
men-

und Abſonderung, den offenen Mund, den
langſamen, leiſen, nur zuweilen durch laute
Seufzer die Bruſt hebenden Athem: und Sie
haben der Züge genug, um ſich das Bild der
Schwermuth, unter mancherley kleinen Abän=
derungen, obgleich im Ganzen immer über=
einſtimmend, zu denken. — Die Erklärung
dieſer Züge werden Sie mir gerne erlaſſen;
man begreift ſie alle ſo leicht aus dem Weſen
dieſes Affekts, beſonders aus der Analogie
mit dem Seelenzuſtande des Traurigen, der ſo
ganz an Einer Vorſtellung haftet, ſo langſam
mit ſeinen Ideen von Merkmal zu Merkmal

T 5

fort=

menhang zeigt denn doch bald, daß an die=
ſer Vernachläſſigung die Niedergeſchlagenheit
des Mädchens großen Antheil hatte. Denn
man höre nur v. 62 = 66.

Cl. — — Quid ait, ubi me nominas?
Syr. Ubi dicimus, rediſſe te & rogare, uti
Veniret ad te: mulier telam deſerit
Continuo & lacrumis opplet os totum ſibi:
Ut facile ſcires, deſiderio id fieri tuo.

fortſchleicht, ſo völlig, und um der beygemiſch=
ten Süßigkeit willen auch ſo freywillig und
gern, allen Widerſtand gegen die Empfindung
des Uebels aufgiebt. (Fig. 33.)

Im Affekte des Leidens finden Sie, bis
auf wenige Aehnlichkeiten, alles dieſes ganz
anders. Minen und Bewegungen zeugen
hier einhellig von der innren Beunruhigung,
dem innren Kampf der Seele gegen die ſchmerz=
hafte Empfindung des Uebels. Der Leiden=
de iſt nicht mehr, wie der Schwermuthsvolle,
matt und niedergeſchlagen an Kräften; er
bangt, er arbeitet in Wehen. Die Augen=
braunen ziehen ihre innren Spßen gegen die
Mitte der gekräuſten Stirne hinauf, dem em=
pörten angeſtrengten Gehirn gleichſam entge=
gen; in allen Geſichtsmuſkeln iſt Bewegung
und Spannung; in den Augen viel, aber zit=
terndes unſtättes Licht; die Bruſt hebt ſich
ſchneller und höher; der Gang tritt ſtärker und

ge=

gewichtiger auf; der ganze Körper dehnt und
rekt und verdreht sich, als ob er einem allge=
meinen Krampf widerstünde; das zurükgebo=
gene Haupt wendet sich seitwärts, den flehen=
den Blik gen Himmel richtend; die Achseln
werden in die Höhe gezuckt — eine leichte und
daher auch bey schwächern Graden des Leidens,
beym Mitleiden und beym spöttischen ironi=
schen Bedauren, am meisten gewöhnliche Be=
wegung; — alle Muskeln der Arme und
Füße sind straff; die Hände, die mit Macht
in einander greifen, werden gebrochen, oft
auch mit in einander geschrobenen Fingern
verwandt und vorne vom Körper weg oder ge=
rade niedergekehrt. (Fig. 34.) — Wenn die
Thräne hervorbricht; so ist es nicht mehr die
einzelne, volle, gedrängte Thräne, die oft dem
unbefriedigten Zorn über die Wangen zittert;
nicht die stille, leise, die dem Schwermüthi=
gen, wie von selbst, aus überfüllten und er=
schlafften Gefäßen entrinnt: es ist ein Strom,

der

der den Drüſen, unter ſichtbarer Erſchütte=
rung des ganzen Körpers und convulſiviſchen
Zuckungen aller Geſichtsmuſkeln, entpreßt
wird.

Da Leiden, ſeiner Natur nach, ſo thätig,
ſo unruhig iſt; ſo erkennen Sie leicht, daß,
bey nur etwas heftigern Anfällen deſſelben, der
Menſch in allerhand unbeſtimmte Bewegun=
gen ausbrechen, ſich auf ſeinem Sitze hin und
her werfen, auffahren, in allerhand unordent=
lichen Richtungen, mit allerhand ängſtlichen
Bewegungen, umhertreiben werde. Der Lei=
dende iſt wie ein Kranker, der in jeder Lage
Schmerzen und Unbehäglichkeit fühlt, immer
eine bequemere ſucht, ſie mit allem Herumwer=
fen nicht findet und immer ſucht und ſich im=
mer herumwirft. Steigt das Leiden bis zur
Verzweiflung; ſo werden dieſe ängſtlichunor=
dentlichen Bewegungen gewaltſam: der Menſch
wirft ſich zur Erde nieder, wälzt ſich im Stau=
be,

be, rauft sich das Haar aus, verwundet sich
Stirne und Busen. — Ich erinnre mich,
Ihnen der Beyspiele zu dieser Beobachtung
schon in einem frühern Briefe gegeben und zu=
gleich eine Erklärung hingeworfen zu haben,
wie sie auf das erste flüchtige Nachdenken
ohngefähr einem jeden einfällt. Kleopatra
und Oedip waren beyde Urheber ihres eige=
nen Unglüks; sie handelten beyde gegen sich
selbst, wie der Zorn gegen einen Beleidiger
handelt: und was anders also, kann man den=
ken, als Zorn über eigene Thorheiten, sollte
ihre Hände gegen sie selbst bewafnet haben?
Aber auch da, haben wir gesehen, wo kein
Gedanke an Reue Statt findet, wo die ganze
Seele auf Angrif und Vertilgung des Belei=
digers, mit völliger Ueberzeugung von der Ge=
rechtigkeit der eigenen Sache, gerichtet ist;
auch da wütet der Mensch gegen sich selbst,
wenn er des eigentlichen Gegenstandes seiner
Rachgier ermangelt. Und nun endlich zeigt

sich,

sich, daß auch bey glühendem, unerträglichen
Leiden die nehmliche Wirkung erfolgt, ohne
daß dem Menschen weder Zorn gegen sich
selbst, der überhaupt keine recht denkbare Idee
ist, noch Zorn gegen Andre im Herzen koche.
Auf wen sollte wohl die unglückliche, in ihren
Affekten stürmische Gattinn zürnen, wenn sie
am Grabe des Geliebten, in dem ersten schmerz=
lichen Gefühl ihres Verlustes, sich selbst ins
Haar fällt? Aber doch sezt eine gewisse Ein=
heit in den Wirkungen auch eine ihr gemäße
Einheit in der Ursache voraus: und welcher
gemeinschaftlichen Ursache also werden wir
diese Selbstanfälle der Reue, der Rachgier,
des Schmerzens beymessen können? Meines
Erachtens sind sie in jedem Falle nichts, als
Ausbrüche des Leidens, als Bestrebungen der
Seele, sich der unerträglichen Idee eines Ue=
bels und der unangenehmen Empfindung von
den physischen Wirkungen dieser Idee zu ent=
ledigen. Dieses Leztere, wie mir deucht, ist

aus

aus dem Umstande klar: daß der Angrif vor=
züglich auf Haupt, Stirne, Busen, Wan=
gen, Seiten, also gerade auf diejenigen Theile
geschicht, in welchen das Blut bey den Leiden=
schaften am meisten stürmt und die Nerven
am gewaltsamsten erschüttert werden. Die
Seele, scheint es, will dem innren Aufruhr
des Blutes Luft machen: und wenn sie auch
dieses zu rasch, zu ungestüm thut; wenn auch
ihr Bestreben nach Erleichterung einen ander=
weitigen lebhaften Schmerz hervorbringt: so
ist doch dieser Schmerz eben dadurch wohlthä=
tig, daß er auf eine Weile die Aufmerksam=
keit von dem jezt am meisten verabscheuten
Uebel abzieht und sie auf ein andres verschie=
denartiges heftet. Bion hätte also einen mehr
witzigen als gründlichen Einfall gehabt, da er
das Haarausraufen des Homerischen Aga=
memnons so lächerlich und abgeschmakt fand.
Freylich wird nicht, wie es Bion nahm,
durch einen kahlen Kopf, aber sicher wird
da=

daburch, daß man einen haarichten Kopf in
einen kahlen verwandelt, der Kummer erleich=
tert. *) Bey Gewissensbissen kommt dann
noch der feinere Grund hinzu, auf welchen
der römische Weltweise so viel Gewicht legt:
daß in dem Gedanken der an sich selbst geüb=
ten Gerechtigkeit eine Art von Trost, von
Beruhigung liegt. Auch muß, bey gleichem
Grade der Heftigkeit, der Affekt der Reue
immer leichter, als der Affekt des Zorns, ge=
gen den Menschen selbst toben, weil bey je=
nem der Mensch sein eigenes Ich zum un=
mittelbaren Gegenstande hat, dahingegen er
bey diesem zunächst den Beleidiger denkt, und
nur

*) Cic. l. c. — Hinc ille Agamemno Homeri-
cus & idem Accianus

Scindens dolore identidem intonfam co-
mam.

In quo facetum illud Bionis, perinde ftultif-
fimum regem in luctu capillum fibi evellere,
quafi calvitio moeror levaretur.

nur erst die Unmöglichkeit, seiner Rachgier
Genüge zu leisten, ihn auf die Vorstellung
seiner selbst, seines unvollkommnen moralischen
und physischen Zustandes, zurükwirft.

Aber welchen möglichen Grund, kann man
hier fragen, hat denn das: daß es auf O-Tahiti der beste Beweis einer lebhaften Freude
über die Widerkehr eines Geliebten ist, wenn
man sich die Brust zerschlägt, das Haar zerrauft, und Kopf Hand und Leib verwundet?
Welchen möglichen Grund, daß sich Omai's
Mutter, beym ersten Wiedersehen ihres Soh-
nes, mit einem Hänfischzahn auf eine so rasende
Art zerfleischte, daß auf allen Seiten das Blut
herablief? *) — Ich denke, das Anfallen seiner selbst ist auch hier, eben wie im Zorne,

nichts

*) S. das von Forster übersezte Tagebuch einer
   Entdeckungsreise nach der Südsee in den Jahren 1766-1780. S. 131. 138.

U

nichts als Bestreben, einer widrigen unerträg=
lichen Empfindung Luft zu machen. Wird
nicht schon dem gebildetern Europäer, bey sei=
nen ruhigern Leidenschaften, seinem kühlern
Blute, eine übermäßige Freude zu einer Art
von Pein, und kann sie nicht schon ihn durch
den Aufruhr, den sie in seinem Innern an=
stiftet, ohnmächtig zu Boden werfen? Wenn
man sich nun die Gluth der Affekten bey jenem
noch halb wilden Volke, unter einem Himmels=
striche denkt, wo die moralische Natur eben so
ungestüm in ihren Wirkungen als die physische
ist, und die Leidenschaften, wie jähe Wind=
stöße, die Kürze ihrer Dauer durch den Grad
ihrer Heftigkeit ersetzen: welchen noch so ge=
waltsamen Ausbruch der Freude sollte man
da nicht begreiflich finden? In den Minen dieses
Volks, sagen die Reisebeschreiber, ist ein un=
nennbar stärkerer Ausdruk der Affekten, als
unter uns, und so wird auch in ihrem Blute
ein ungleich größerer Sturm, in ihren leiden=
schaft=

ſchaftlichen Handlungen eine uns kaum denkbare Heftigkeit ſeyn. — —

Ich habe, wie Sie leicht wahrnehmen, die
unangenehmen Affekten auf eben die Art, wie
die angenehmen, behandelt; ich habe ſie in
ihren höhern Graden genommen, wo ihr Ausdruk redender und kräftiger iſt; auch habe ich
ſie als rein und einfach, nicht nach den verſchiednen Nüancen gezeichnet, die ſie einer von
dem andern ſo häufig anzunehmen pflegen.
Die Betrachtung dieſer Nüancen, wenn ich ſie
nöthig fände, würde erſt in die nun folgende
Lehre von der Zuſammenſetzung des Ausdruckes
kommen: allein ich denke, ich will ſie aus
Gründen, denen ich Ihren Beyfall verſpreche,
lieber ganz überhüpfen.

Vier

Vier und zwanzigster Brief.

Nur erst eine kleine Anmerkung, mein Freund, die ich nirgends als eben hier einzuschalten weiß: und es wird dann noch immer Zeit seyn, den Vorwurf der Unvollständigkeit, den Sie mir machen, entweder einzuräumen oder auch von mir abzulehnen — wie ich es finde.

Eigentlich hat meine Anmerkung schon Garrik und wer nicht schon sonst gemacht, der für richtiges Spiel Empfindung, und für fehlerhaftes, Auge hatte? Aber allgemein wüßte ich sie nirgends vorgetragen, und doch finde ich, je länger ich die Bühne besuche, immer mehr, daß sie in tausend Fällen anwendbar ist und daß sie also, in eine allgemeine Warnung verwandelt, von Nutzen seyn könnte. — „Sie „haben, soll einst Garrik zu einem französischen

schen Schauspieler gesagt haben, der ihn nach
geendigtem Stük um sein Urtheil fragte; Sie
„ haben die Rolle des Trunknen mit viel Wahr-
„heit, und was in solchen Rollen mit Wahr=
„heit schwer zu vereinigen ist, auch mit viel
„Anstand gespielt; nur — wenn Sie mir die-
„sen kleinen Tadel verzeyhen wollen — Ihr
„linker Fuß war zu nüchtern.“ Etwas Aehn=
liches mögte ich in so manchen Fällen und zu
so manchem Schauspieler sagen: „Mein Herr!
„Sie haben nach meiner wenigen Kenntnis,
„die und die Stelle, die und die Scene —
denn von dem Ganzen der Rolle mögte ich sel=
ten reden dürfen — „bis zur Täuschung vor=
„getragen; Sie haben die ganze Trunkenheit
„der Leidenschaft, wovon Sie erfüllt seyn soll=
„ten, vortreflich nachgeahmt: nur Ihr Fuß,
„Ihre Hand, Ihr Auge, Ihr Nacken, Ihr
„Mund — oder an was sonst für einem Thei=
le ich den Mangel bemerkt haben mögte —
„waren zu nüchtern.“

U 3　　　　Mey-

Meynen Sie nicht, daß eine solche Anwendung und Ausdehnung der Garrikschen Kritik in der That guten Grund haben sollte? Ich denke: wie die physische Trunkenheit das ganze Nervensystem vom Wirbel bis zur Fußzähe angreift; so auch die sittliche Trunkenheit der Affekten: denn der Mensch hat ja nur Eine Seele, die auf den ganzen Körper einwirkt; und wenn also ein einfacher Affekt die ganze Kraft dieser Seele auf Einen Punkt richtet, sie ganz mit allen ihren Ideen und Empfindungen auf Einen Ton stimmt, so muß auch der ganze Körper an dem Ausdrucke dieses Affektes Theil nehmen und jede Bewegung jedes Gliedes zu seiner Darstellung mitwirken. Wenn, wie ich glaube, dieser Grundsatz einleuchtend ist und ihn jede aufmerksamere Beobachtung der Art und Weise, wie sich wirkliche Affekten ausdrucken, bestättigt: was sollen wir da zu so mancher Schauspielerinn sagen, die mit vorliegendem Körper dringend zu bitten scheint, indessen

sen

sen sie die Arme mit dem gewöhnlichen Ausdruk der Ruhe sanft in einander geschlagen läßt?
Was zu so mancher andren, die oft mit von sich
gestrekten Armen auf einen sehnlich gewünschten
Gegenstand eifrig zueilt, ohne daß der Körper
von seinem ruhigen vertikalen Stande nur im
mindesten abwiche? Was zu dem Spiele eines
Ihnen bekannten Azors, der, voll Kummers
über seine häßliche, zurükschreckende Bildung,
Haupt und Arme traurig hängen läßt, indessen sein Gang nicht etwa nur ruhig, nicht etwa nur munter, sondern muthig, trotzig, her-
ausfordernd ist? Was zu der Stellung eines
gewissen, sonst nicht ganz zu verachtenden, Beaumarchais, der bey den wütenden Worten:
„Ja, Sie sollens! sollen mich ins Gefängnis
„schleppen! Aber von seinem Leichname weg;
„von der Stätte weg, wo ich mich in seinem
„Blute werde gelezt haben;“ *) der, sage ich,

U 4   bey

---

*) Göthens Schriften B. 2. S. 299.

bey diesen wütenden Worten das ganze Gesicht
zum Grimm verzerrt, die geballte Rechte weit
von sich strekt, mit dem ganzen Körper vor=
liegt, und — was Sie schon glauben müssen,
weil Sies mit Augen gesehen haben — den
linken Arm völlig schlaff läßt und die Hand im
Busen behält?

Ich denke, ich könnte mit Beyspielen eines
solchen mangelhaften Spiels ganze Briefe fül=
len; aber ich mögte ungerne durch Tadel krän=
ken und noch ungerner zu Mißdeutungen An=
laß geben. Lieber will ich, auf Veranlassung
des obigen Azors, die gegebene allgemeinere
Warnung noch mit einer speciellern begleiten.
Der getadelte Gang dieses Schauspielers
scheint mir sein natürlicher, sein gewöhnlicher
Gang; er hätte nur sich selbst beobachten dür=
fen, und er würde gefunden haben, daß er sich
in Ansehung des Ganges am wenigsten sich
selbst überlassen, daß er über diesen durch An=
gewöh=

gewöhnung fehlerhaften Theil seines Aeussren gerade am meisten wachen müsse. Andere haben durch Angewöhnung einen trägen, schleppenden Gang; und ich erinnre mich noch sehr wohl eines gewissen Hettore Gonzaga, der, selbst im Zorne und in der lebhaftesten Unruhe, den Gang zwar ein wenig vergeschwinderte, aber die Füße so wenig hob, daß man die Sohlen bey jedem Schritt gegen den Boden schleifen hörte. Wieder andere haben den natürlichen Fehler eines zu gebükten Nackens, eines seitwärts hängenden Kopfes, und verderben, weil sie auf diesen Fehler nicht merken, den Ausdruk aller der Leidenschaften, die ein gerades frey emporgetragenes Haupt erfodern. Ihre lebhafteste Freude, z. B. scheint darüber nur eine matte, verschämte, wohl gar nur erdichtete Freude. Möglich zwar immer, daß sie selbst diesen oder jenen Affekt in der Wirklichkeit nicht anders ausdrucken würden, als sie auf der Bühne ihn nachahmen: aber was for-

dert

dert man denn von dem Schauspieler? Daß
er sich selbst so gut oder so übel spiele, wie ihn
Natur und Gewohnheit gemacht haben? oder
daß er nach der höchsten Vollkommenheit,
dem höchsten Ideale des Ausdruckes hinstrebe?
Und wenn man das Leztere fordert: worinn be=
steht dieses Ideal? Doch wohl in der völligsten,
abgemessensten Harmonie; in derjenigen Art,
wie ein von allen natürlichen und angewöhnten
Fehlern völlig freyer Körper von jeder gegebe=
benen Leidenschaft modificirt werden würde? —
Der Schauspieler sinne also, während des
Studiums seiner Rolle, nicht nur überhaupt
auf den wahren Ausdruk jeder Leidenschaft, son=
dern er frage auch noch besonders, was für ei=
genen Antheil daran derjenige Theil seines Kör=
pers nehme, von dem er es, mit ein wenig
Selbstbeobachtung oder mit ein wenig Auf=
merksamkeit auf das Urtheil seiner Freunde,
doch am Ende erfahren muß, daß er damit am
öftersten fehle: er wende seine meiste Uebung

gerade

gerade dahin, daß er den richtigen Gebrauch dieses Theils habituell mache, und bey der wirklichen Vorstellung wache er mit aller der Besonnenheit, welche ihm die Leidenschaft übrig läßt, eben über ihn am meisten. — Ekhoff, so gekrümmt er schon vor Alter war, vergaß in stolzen Rollen keinen Augenblik, was sein Charakter erforderte; er trug bis zum lezten Blicke, der ihm in die Coulisse nachspähte, seinen steifen unbiegsamen Nacken empor, und erst dann ward er auf einmal wieder das gebükte, in sich zusammengeschrumpfte Männchen, das man eher für alles Andre, als einen Schauspieler, gehalten hätte.

Nicht genug aber, daß wirklich alle Glieder und Gesichtsminen zum Ausdruf Einer Empfindung harmoniren müssen; sie müssen es auch in dem Maaß, in dem Grade dieser Empfindung. Wenn die Begierde mit den Armen zu viel und mit den Füßen zu wenig aus=

ausgreift; wenn das Schrecken, gegen den
weit übergebogenen Körper und die hoch em-
porstarrenden Arme, Mund und Auge zu wenig aufreißt; wenn der Zorn die Stirne zu
wenig runzelt, die Lippe zu ruhig verzieht, indessen die Füße wütend gegen die Erde stam-
pfen, u. s. w.: so geht bey dem, der diesen
Mangel der Harmonie gewahr wird, alle Täuschung, alle Wirkung verloren; er wird auch
hier wieder an den Schauspieler erinnert, und
er sollte doch bloß die Person in Gedanken haben. Beyspiele von solchen Disproportionen
im Ausdruk müssen Sie oft genug, besonders
auf gewissen zu jugendlichschönen, zu Runzel-
losen Gesichtern beobachtet haben. Es giebt
Stirnen, die sich nicht falten, Lippen, die sich
nicht niederziehen, Augen, die nicht hervor-
starren wollen; kurz, es giebt Gesichtsbildun-
gen, auf denen sich gewisse Affekten nur mit
so leichten, in der Ferne so unmerklichen Schattirungen malen, daß man höchstens nur einen

An-

Anfang, eine schwache Anwandlung davon zu
erkennen glaubt: und wenn dann der übrige
Körper die ganze Heftigkeit des Affektes aus=
druckt; so ist das — wenigstens für mich —
von einer so widrigen Wirkung, daß ich lieber
auch in dem ganzen übrigen Spiel den wah=
ren Grad nicht erreicht sehen mögte. — In=
dessen, wie keine Regel ohne Ausnahme ist, so
auch nicht diese Regel. Denn wo geheuchelte
Affekten eines Menschen ausgedrukt werden
sollen, der in der Heucheley noch nicht Mei=
ster ist; da tritt der sonderbare Fall ein, wo
der gute Schauspieler es wie der schlechte ma=
chen und in sein Spiel ausdrüklich etwas Miß=
helliges, Falsches, Verfehltes hineinlegen muß.
Jenes lebendige Principium, das aus der See=
le in den ganzen Körper hinauswirkt, fehlt
hier selbst in der Rolle, und unsrer Vorausse=
tzung nach auch jene Stärke der Phantasie,
jene geübte Verstellungskunst, welche den
Mangel eines solchen Principiums ersetzen und

der

der Lüge einen täuschenden Firniß von Wahrheit geben könnte. Bey dem kalten todten
Vorsaße, der dann noch übrig bleibt, wird der
Ausdruk fast einzig in diejenigen Glieder, in
diejenigen Theile des Gesichts gelegt, von de=
nen man aus Erfahrung weiß, daß eine sol=
che und solche Modifikation derselben einen Af=
fekt ganz vorzüglich ausdruckt; die übrigen
Glieder und Theile bleiben zurük. Der Falsch=
freundliche z. B. hat die dunkle Bemerkung
gemacht, daß Freundlichkeit und Güte sich
ganz besonders im Munde und den umliegen=
den Theilen zeigen; in dieser Gegend also
drukt er alles das Liebreiche, vielleicht sogar
mit Carikatur aus, das er mit Stirne und Au=
gen und seinem übrigen Wesen verläugnet.

Bemerken muß ich hier noch, daß zu=
weilen die Composition mehrerer Ausdrücke
eine Gebehrde, eine Stellung hervorbringen
kann, die, weil sie streitende Empfindungen
mit

mit einander zu vereinigen hat, durch Wider=
spruch fehlerhaft scheint, aber nicht ist. Das
Erstaunen, wissen Sie, zieht zurük; die
Freundschaft nähert. Wenn also plözlich ein
ganz unerwarteter, aber willkommner Freund,
wenn Otto von Wittelsbach zu Frie=
drich. von Reuß hereintritt; *) so wird es
ein ganz wahres, oder vielmehr das einzige
wahre Spiel seyn, daß der Fuß einen Schritt
zurückthue, wenigstens der Körper sich vor Er=
staunen rükwärts überlege, indessen die Ar=
me schon anfangen, sich zu herzlicher Bewill=
kommung dem Gast entgegenzustrecken. Wirk=
lich ist auch dieses die Attitüde, die der hie=
sige Fr. v. Reuß bey dieser Stelle allemal
annimmt. (Fig. 35.) — Ob übrigens der
alte Ritter den Pfalzgrafen festen Fußes in
dieser Stellung erwarten, oder mehrere Schrit=
te vor ihm zurükweichen, oder so halb erstaunt
und

*) Dritter Akt, dritt. Auftr. S. 100.

und halb froh, wie er ist, ihm langsam entge=
gegengehen soll; das wird darauf ankommen,
wie nah oder wie entfernt von dem Greise
der Pfalzgraf in dem ersten Augenblik war,
wo er erschien, und ob nicht dieser selbst viel=
leicht im Hereintreten stillstand, um dem Er=
staunen des Ritters Zeit zu lassen und sich an
dem Anblicke davon zu ergötzen.

———————

Fünf

Fünf und zwanzigster Brief.

Wahr genug, was Sie sagen: daß die Er=
innerungen über die durchgängige Harmonie
des Gebehrdenspiels, so wenig irgend ein
Schauspieler ihrer bedürfen sollte, doch den
meisten so noth thun! Und gleich wahr, was
Sie hinzusehen: daß Schauspieler, nicht etwa
nur von der untersten, sondern von einer hö=
hern und in ihren eigenen Augen wohl gar von
der ersten Klasse, noch weit ärgere, gröbere
Fehler nicht nur dann und wann aus Zer=
streuung begehen, sondern recht ausdrüklich zu
ihren Rollen scheinen studirt zu haben. ——
Ich denke umher, wen Sie mit dieser Anmer=
kung doch wohl vorzüglich gemeint haben
mögten? Etwa jenen Capellet, der regel=
mäßig jedesmal, wo er Julien in vollem Zor=
ne verstößt, auf sie zugeht, um ihre Hand zu

neh=

nehmen, und wenn das arme Geschöpf, vor
Schrecken über den väterlichen Zorn, einen
Schritt zurükthut, sich den Schritt mehr nicht
reuen läßt, um nur ja seinen Fehler nicht un-
gemacht zu lassen? Oder jenen Grafen Wen-
zel, der gleich seine erste gleißnerische Anrede
an den Pfalzgrafen, mit zurükgeschlagenem
Kopfe und in gerader stolzer Stellung, hoch
von der Brust herabspricht? Oder jenen ver-
fehlten strozenden Otto, der die bitterlaunigte
Stelle: „ich will meine Waffenstücke in Kü-
„chengeräthe verwandeln" — eine Stelle, die
so offenbar nur ganz leicht sollte hingeworfen
werden — mit weit von sich gestrektem, stei-
fem, gehaltenem Arme so laut und so pathetisch
daherpralt, als ob er Kayserlicher Majestät eine höchst unangenehme, aber feste und unab-
änderliche Entschließung zu erklären hätte?
Oder jenen Vater Zemirens, der, bey Entschuldigung wegen der gepflükten bezauberten
Rose, dem zurükschreckenden Ungeheuer so

sorg=

sorglos auf den Leib rükt, als ob er recht wohl
wüßte, daß in der gräßlichen Maske ganz und
gar kein Ungeheuer, sondern sein lieber Freund
und Mitbruder stecke? — Wahrlich, mein
Freund! wir sind nicht bloß weit, wir sind
noch unendlich zurük, wenn so auffallende Fehler von der einen Seite können begangen werden, ohne daß man sie von der andern beach-
tete; und ich zweifle gar sehr, ob Künstler, die
so ganz den Ausdruk zu vergreifen, so ganz die
wahre Empfindung zu verkennen fähig sind, je
den Ehrennamen der Künstler, auch wenn sie
sich darum Mühe gäben, werden verdienen
können. Wenigstens scheint ihnen ein gewisser, für ihre Kunst unentbehrlicher, Sinn zu
fehlen, und dieser Sinn läßt sich durch keine
Vorschriften, keine Theorieen ersetzen. Kunst-
regeln überhaupt werden nicht, wie die moralischen Gesetze, nur den Schlechten; sie
werden nur den Guten geschrieben.

Doch

Doch ich gerathe, wie ich sehe, in neue Abschweifungen, und ich sollte doch das um so weniger, da schon Sie mit Ihren Erinnerungen und Einwürfen mich oft genug von dem geraden Wege abziehn. Mit derjenigen Erinnerung indessen, worauf ich in meinem Vorigen die Antwort schuldig blieb, werden Sie meinen Gang eben nicht unterbrochen haben: was ich darauf zu erwidern finde, ist vielleicht der schiklichste Anfang der Lehre von der Zusammensetzung des Ausdruks.

„Dankbarkeit, sagen Sie, Hofnung, Mitleiden, Argwohn, Neid, Schadenfreude, Gnade, und noch so viel andere Empfindungen mehr, die doch gewiß ihres eigenthümlichen Ausdruks nicht entbehren können, wenn anders die Gebehrdensprache nicht das schwankendste und ungewisseste Ding auf Erden seyn soll; — alle diese Affekten sind noch mit keiner Sylbe von Ihnen charakterisirt; und Sie können die Lehre

vom

vom Ausdrucke als schon geendiget ansehn?"
— Ich denke, ich kann das mit Recht, aber
freylich nur die Lehre von dem einfachen
Ausdruk. — „Und sind denn, werden Sie
fortfahren, jene Empfindungen in ihrem Aus=
drucke nicht einfach?" — Dem Namen nach
freylich sollten sies seyn; aber Sie wissen schon:
der Name stimmt nicht immer zur Sache. Fro=
hes Erstaunen, zärtliche Wehmuth, ehrerbie=
tige Liebe; wenn Sie diese und ähnliche Em=
pfindungen nennen hören: so läßt sie schon das
Zusammengesezte des wörtlichen Ausdruks auf
das Mannichfaltige des mimischen schliessen:
hingegen, wenn Sie hören: Dankbarkeit,
Mitleiden, Hohn; so verführt Sie der einfa=
che Name, sich auch die Sache als einfach zu
denken, und doch braucht es nur einen ganz
kleinen flüchtigen Blik von jenem auf diese, um
sogleich den Irrthum gewahr zu werden. —
Dankbarkeit; wenn sie nicht bloß als Liebe oder
Verehrung erscheinen soll: wie anders, als

X 3

durch

durch eine mittlere aus beyden vermischte Mine
kann sie erscheinen? Mitleiden; was für einen
eignen sichtbaren Ausdruk kann es annehmen,
als den zusammengesezten von Leiden und Güte? Neid; wie kann er sich anders von Leiden
und Haß unterscheiden, als durch einen Zusatz
von Begierde sich zu verheimlichen, durch unter sich gekehrten, verstohlnen Blik der Scham,
der sich in jeder nur noch etwas empfindlichen
Seele einer so kleinen Leidenschaft anhängen
muß? Argwohn; wodurch sonst kann er sich
verrathen, als indem er zur Gebehrde des Verdrusses die Erforschungsbegierde im scharfen
Seitenblik, im ängstlich stillen Hinhorchen hinzusezt? Gnade; auf welche andere Art kann sie
sichtbar werden, als wenn sie Freundlichkeit
der Güte durch Kälte des Stolzes mildert und,
um sich nähern zu können, sich gleichsam erst
von der Höhe herabläßt? Schadenfreude; was
ist sie schon, ihrer Natur nach, anders, als
Freude des Hasses, und was für einen andren

Aus-

Ausdruk also, als eben diesen, kann man ihr
geben? Endlich Hofnung, die das Gute nur
noch in der Zukunft sieht und nie ganz ohne
Furcht ist; wie sonst als durch Begierde und
Mischung von Freude und Furcht kann sie sich
in den Gesichtszügen malen? — Laufen Sie
so alle noch übrigen Affekten mit allen den
mannichfaltigen Nüancen durch, die Watelet
davon angiebt, und Sie werden finden, daß
immer ihre Namen entweder, wie die obigen,
nur Zusammensetzungen, oder nur höhere und
geringere Grade, oder nur philosophische Ab=
straktionen bezeichnen; das heißt: Einheiten
und Verschiedenheiten, die nur das Nachden=
ken in dem Innern der Seele, nicht das Auge
in dem Gebehrdenspiel findet.

Indessen, wenn es Ihnen wehe thut, mit
allen Ihren Beyspielen, und vielleicht in der
ganzen Sache, Unrecht zu haben; so geben
Sie Ihrem Tadel nur eine kleine Wendung:

X 4 Sagen

Sagen Sie, daß allenfalls meine Enumera=
tion der Affekten selbst, deren Ausdruk eigen=
thümlich und rein ist, noch so ziemlich vollstän=
dig seyn mögte; daß aber meine Schilderung
ihres Gebehrdenspiels desto mangelhafter und
dürftiger sey. Einen solchen Tadel, mein
Freund, nehme ich an und sage zu meiner Recht=
fertigung nur das Einzige: daß ich die Schuld
mit der Sprache wenigstens theile und daß ein
Schriftsteller nicht leisten kann, was ein Maler
leistet; aus der ganz einfältigen Ursache: weil
Worte keine Farben und Umrisse sind. —
Wenn Apulejus eine zu Rom gesehene pan=
tomimische Vorstellung des Paris auf Ida
beschreibt und von der Göttinn der Liebe sagt:
sie habe oft bloß mit dem Auge getanzt *): so
fühlt ein jeder, der redende Augen gesehn hat,
den ganzen Sinn dieser Stelle; aber beschrei=

ben

*) Apulej. Metam. L. X. Senfim annutante capite
    coepit incedere — & *nonnunquam faltare folis*
    oculis.

ben kann eine solche Pantomime niemand: sie
will mit einem kleinen flüchtigen Zuge bloß angedeutet, nicht ausgeführt seyn. — —

Um nach so vielen Vorerinnerungen endlich zur Sache zu kommen; so lassen Sie uns
vor allen Dingen einen Blik auf das ganze
weite Feld werfen, das wir jezt zu durchwan-
dern haben! Lassen Sie uns zusehen, wie vie-
lerley Zusammensetzungen von Gebehrden im
Allgemeinen möglich seyn mögten! Die Er-
kenntnistriebe und die übrigen Affekten des
Verstandes können zuerst unter einander selbst,
und dann mit Affekten des Herzens; Begierden können mit Begierden und mit Affekten
des Anschauens, diese leztern wieder unter einander selbst, und mit allen diesen Ausdrücken
innrer geistiger die Ausdrücke mannichfaltiger
körperlicher Empfindungen, endlich wieder mit
den sämmtlichen ausdruckenden Gebehrden die
ganze Menge der malenden und deutenden ver-

Æ 5   bun-

bunden werden. Nehmen Sie hiezu noch die verschiednen möglichen Grade jedes Affekts, die verschiedenen möglichen Verbindungen und Proportionen in ihrer Mischung, da bald die eine, bald die andre Empfindung die lebhaftere, die mehr hervorstechende ist; und sagen Sie mir: ob Ihnen nicht ein wenig vor dem Ende unsres Briefwechsels bange wird? ob Sie bey der unendlichen Fülle der Materie eine Möglichkeit, sie je zu erschöpfen, absehn? — Doch wozu auch, werden Sie sagen, ein so unermeßlichs, ermüdendes Detail, wenn wir nur die allgemeine sichre Regel zu finden wüßten, worunter sich alle jene Mannichfaltigkeit sammlen liesse? Diese allgemeine Regel aber ist mit Einem Worte die: daß der Ausdruk Präcision haben muß. Und diese Präcision wird er haben, wenn in der Zusammensetzung nichts weder zu wenig noch zu viel, der Grad im Ganzen der jetzigen Stimmung der Seele gemäß, die Hauptempfindung herrschend und die untertergeordnete auch im Ausdruk nur die Nüan= ce; endlich, wenn in der Mischung jede so ge= halten, so gemäßigt ist, wie es ihr bestimmtes Verhältniß zu allen andren erfordert. Wer die Wirkungen jedes Affekts auf Gesicht und Körper kennt; wer bemerkt hat, durch welche Theile von jenem sich jede Leidenschaft vorzüg= lich ausdruft; der wird leicht einsehen, wie mannichfaltige Empfindungen in Einen Aus= druk können verbunden, wie z. B. das Leiden eines Liebhabers, der in die wohllüstig trauri= ge Vorstellung der entfernten Geliebten vertieft ist, im Minenspiel könne abgebildet werden. Das Leiden nimmt vorzüglich den obern, das wohllüstige Gefühl der Liebe mehr den untern Theil des Gesichts ein: ist also jenes nur Nü= ance; so ziehen sich die innren Spitzen der Augenbraunen nur sehr wenig, nur unmerklich hinauf, und werfen auf die Stirne nur einen ganz geringen Schatten, mehr von einer Fal= te als einer Runzel; hingegen um Mund und

und Wangen sieht man fast das volle süße Lächeln der Liebe spielen, indessen mit schmach-
tendem Blik das Auge, zweydeutig zwischen
beyden Empfindungen, vor sich hinschaut. Ist
das Vergnügen nur Nüance und Leiden herrschend; so liegt der Hauptausdruk auf der
Stirne und das Lächeln um Lippen und Wangen ist schwächer. Auch ist bey dieser leztern Mischung in dem ganzen übrigen Körper
ein wenig mehr Spannung; bey jener erstern
mehr Schlaffheit und Weichheit.

Um ein ausgeführteres Beyspiel und von
einem mehr zusammengesetzten Ausdrucke zu
geben, erinnere ich Sie an die Worte Admets, wo er, nach den ersten inbrünstigen Umarmungen der geretteten Gattinn und einigen
neugierigen Fragen des Erstaunens an seinen
muthigen Freund, sich mit demüthigem Dank
an die Götter wendet. *) Das Deutende in
der

*) S. Wielands Alceste, S. 84.

P. 335 / . 37

der Gebehrde, die Richtung der Augen, des Hauptes, der Hände, insoferne auch diese mit= reden sollen, ist sogleich durch das erste Wort bestimmt: Allgütge Mächte! denn wo anders als im Himmel wird sich Admet den Sitz die= ser Mächte denken? Wenn er fortfährt:

— — Seht mit Wohlgefallen
Die Freudenthränen an, die meinem Aug
entströmen!

so liegt der Gesichtsausdruk, der wehmüthige Freude seyn soll, schon in den Worten: aber auch den Ausdruk des übrigen Körpers zu fin= den, ist leicht. Das sanfte Verlangen nach der Aufmerksamkeit der Götter hebt beyde Hän= de mäßig empor; nicht zusammengefaltet, denn in der Seele herrscht Freude, und Freude öf= net; sondern jede sich an ihrer Seite so gemach und sanft erhebend, daß der Ellbogen seine ganze leichte Krümmung behalte. Eben so sanft erhebt sich auch der übrige Körper und hängt,

hängt, um so mehr da die Deutung nach oben
geht, nur um ein ganz Weniges vorwärts; der
vorgreifende rechte Fuß hat einen festen Stand;
der linke, nur in mäßiger Entfernung hinter
ihm, weil ein zu weiter Schritt mit den mäßig
erhobnen Händen und leichtgekrümmten Armen nicht zusammenstimmen würde, erscheint
schwebend, wie zu einem neuen Schritte vorwärts gefaßt; die Ehrerbietung, die mit dem
Gedanken an die Mächte des Himmels so unmittelbar verknüpft ist, erlaubt dem Haupte weniger sich zurükzulegen, hält es dem vertikalen
Stande näher und versteckt von dem Augapfel
noch ein wenig mehr hinter das Lied, als es
durch die bloße Richtung nach oben geschehen
würde. Zugleich aber vermischt das dankbare
Gefühl der Seele diese Ehrerbietung mit Liebe: und diese Liebe, die sich schon durch das
Sanfte, Weiche und Graziöse, das wir von
allen Bewegungen forderten, ankündigt, muß
noch dem Haupte eine kleine Wendung zur
Seite

Seite geben; am liebſten gegen die Seite des
Herzens. (Fig. 36) Admet fährt fort:

Was hat ein Sterblicher, um euch zu danken,
Als Freudenthränen? —

und was nun hier für ein Ausdruk? Sie ſe=
hen, daß die ganze Miſchung von Empfin=
dungen bleibt; daß keiner der zuſammenver=
bundenen Affekten aufhört, keiner, der noch
nicht da war, hinzukommt: allein das innere
Verhältniß, die Proportion dieſer Empfin=
dungen iſt verändert. Das Verlangen, ſeine
Freudenthränen von den Göttern beachtet zu
ſehn, ſinkt beynahe völlig vor dem Gefühl der
Ohnmacht zurük, durch mehr als durch ſie die
überſtrömende Dankbarkeit der Seele auszu=
drucken: für jezt alſo herrſcht der Gedanke an
die Erhabenheit der Götter und das Empfind=
nis der Verehrung hat den Ueberſchwung; eben
dieſe Verehrung alſo wird jezt den ſtärkern;
Freude, Verlangen, Liebe den ſchwächern Aus=
druk

druf fordern. Die Verehrung aber, wissen
wir, zieht die Muskeln des Angesichts nieder,
läßt die Glieder des Körpers hängen, tritt in
die Entfernung. Alles dieses also wird jezt
in die Gebehrde Admets, doch mit derjenigen
Mäßigung kommen müssen, daß man das noch
fortdaurende Daseyn der andren Affekten er=
kenne. Also bleibe noch immer ein merklicher
Rest von Vergnügen im Angesichte; der Kör=
per sey noch immer von den Händen unbedeft
und krümme sich nicht in sich selbst zusam=
men: aber dafür erscheine das Haupt ein we=
nig gesenkter; das Weisse des Auges werde
sichtbarer, als zuvor; Arm und Hand ziehe
sich, ohne gleichwohl wie welf am Körper
niederzuhangen, gegen die Erde; der linke
Fuß stehe nun fest, und der rechte, wie in
der Bereitschaft zurüfzutreten, schwebend; der
Körper sey um eben so eine Kleinigkeit
zurük, als vorher vorwärts gebeugt. (Fig.
37) So wenigstens die Stellung während
der

der langsamen, gezogenen, gedämpften Deklamation der Worte:

Was hat ein Sterblicher, um euch zu danken —

denn bey dem Folgenden:

Als Freudenthränen?

würd ichs sehr wohl zufrieden seyn, wenn das in der Seele herrschende, nur unterbrochne Verlangen, von den Göttern beachtet zu werden, wieder Leben erhielte, und indem die ganze übrige Stellung bliebe, auch die linke ofne Hand noch gegen die Erde gesenkt erschiene, die rechte, auf die Freudenthränen des Auges gleichsam hindeutend und sie als Opfer dem Himmel gleichsam darbringend, sich mit der vorigen sanften Beugung des Arms, nur freylich dem Gesichte näher, wieder erhübe. Zugleich aber müßte dann auch das Haupt sich schon ein wenig wieder zurüklegen, und der Ernst der Verehrung durch eine stärkere Nüance der Liebe schon mehr gemildert werden. — —

Y   Ich

Ich mag in dieser Entwiklung, so leicht sie
wäre, nicht weiter fortfahren; denn ich fürchte,
daß ich Ihnen vielleicht schon jezt zu ausführ=
lich, zu ängstlichsorgfältig scheine. So viel in=
dessen wird Ihnen sogleich Ihr Gefühl sagen:
daß bloßer reiner Ausdruk, es sey der Freude
oder der Wehmuth oder der Begierde oder der
Verehrung, durchaus verfehlt seyn würde.
Und wenn Sie dann nur einräumen, daß die
Mischung und die Proportion in der Mischung
richtig von mir bestimmt sey; so wird Sie,
denk ich, Ihre eigene Einbildungskraft auf
die Stellungen, die ich angab, so ziemlich wie=
der zurükführen, wenn Sie auch von dem
Schauspieler nicht immer eine so genaue Aus=
arbeitung aller der kleinsten Nüancen fordern
sollten. Die Strenge des Theoretikers soll
freylich nicht der Beurtheiler, aber auch eben
so wenig die Nachsicht des Beurtheilers der
Theoretiker haben.

Sechs

Sechs und zwanzigster Brief.

Indem ich aus jeder Klasse möglicher Zusammensetzungen von Gebehrden gewisse Beyspiele aussuche, um sie zur Probe weiter ausführen zu können, finde ich das ganze Geschäft,
einer bestimmten Mischung von Empfindungen den ihr zukommenden Ausdruk anzuwei-
sen, so leicht, daß ich es lieber aufgeben will.
Das freylich ist oft sehr schwer, für jeden gegebenen Fall die wahre Mischung von Empfindungen und in der Mischung die wahre
Proportion zu finden: aber das ist denn auch
nicht die Sache des Mimikers, der nur gegebenen Empfindungen ihren Ausdruk bestimmt:
es ist die Sache des Schauspielers selbst, der
sich sorgfältig in das Eigenthümliche seiner
Rolle hineinstudiren, und des Seelenlehrers,
der ihm, zur Erleichterung dieses Studiums,

die

die allgemeinen leitenden Ideen an die Hand
geben soll. — Der Schauspieler, wenn er
seine Kunst nicht bloß als Naturalist, sondern
als Kenner ausüben will, hat freylich noch et=
was mehr als Mimik zu lernen. —

Lassen Sie die Aufgabe lauten: zwey in
der Seele zusammentreffende mit einander strei=
tende Begierden im Ausdruk zu vereinigen;
so, behaupte ich, darf man nur beyde Begier=
den, darf nur den Ausdruk kennen, der jeder
einzeln genommen zukommt, darf nur wissen,
ob sie einander das Gleichgewicht halten, oder
ob eine und welche den Ueberschwung habe?
darf nur den Grad, in welchem die eine mäch=
tiger als die andere ist, wohl gefaßt haben:
und es kann durchaus keine Mühe kosten, den
wahren, treffenden, die ganze Empfindung
der Seele erschöpfenden Ausdruk zu finden.
Bey Zemiren, wenn sie vor dem magischen
Spiegel steht, herrschen Furcht und Verlan=
gen

gen in gleicher Stärke; Furcht, durch Annä=
herung der Erscheinung ein Ende zu machen,
und Verlangen, an die Brust eines traurigen,
zärtlich geliebten Vaters zu fliehen: also
schwanke sie mit dem ganzen Körper hin und
her, strecke jezt Sehnsuchtsvoll beyde Hände
gegen die Erscheinung hin und ziehe sie jezt,
zusammengefaltet, mit Ausdruk des Leidens
wieder zurük; lege das Gewicht des Körpers
bald auf den einen Fuß, bald auf den andren,
und komme, so unaufhörlich sie in Bewegung
ist, keinen Schritt aus der Stelle. Bey Ham=
let, wenn er dem Geist seines Vaters folgt,
hat die Sehnsucht nach der gehoften Entdeckung
eines schreklichen Familiengeheimnisses bey
weitem das Uebergewicht, aber geschwächt wird
diese Sehnsucht durch die Furcht vor dem un=
bekannten Wesen einer fremden Welt, und
immer mehr geschwächt, je näher der Prinz
dem Gespenste und je weiter er von seinen Ge=
fährten abkommt: also sey nur da seine Bewe=

gung lebhaft, wo er sich drohend von diesen
Gefährten losreißt; sobald er zu gehen an=
fängt, geschehe es ohne Eile und Hitze, ob=
gleich noch mit Festigkeit und Entschluß; nach
und nach werde sein Schritt behutsamer, lei=
ser, übermesse weniger Raum; die ganze Be=
wegung werde gehemmter und der Körper zie=
he sich mehr gegen die vertikale Stellung zu=
rük. Bey Hüon, wenn ihm der Feenkönig
das letzte Geschenk des Myrthenkranzes dar=
beut, vereinige sich das Verlangen, es zu besi=
tzen, mit dem Erkenntnisse seiner Unwürdigkeit
und dem daher entspringenden Triebe, so ge=
häufte und unverdiente Wohlthaten nicht län=
ger anzunehmen: *) also erscheine er voll Ehr=
furcht gegen Oberon hingebeugt; der ernste
Liebevolle Blik sey auf den Wohlthäter gehef=
tet, die mäßig ausgestrekte, dankende, zur

Annah=

---

*) Nach Oesers Idee in der Zeichnung vor
   Wielands Oberon.

Annahme des Kranzes gleichsam gefaßte rechte Hand sey ein wenig gegen die Erde gesenkt, die linke verwandt und gleichsam in Bereitschaft, die dargebotene Gabe zurükzuhalten.

Doch, damit Sie nicht sagen, daß ich leichtere Beyspiele aussuche und schwerere übergehe; so geben Sie mir selbst irgend eine mögliche Mischung von Empfindungen, und lassen Sie mich versuchen, ob ich den Ausdruk zu Ihrer Befriedigung werde bestimmen können. Oder wenn Sie das lieber wollen, so geben Sie mir irgend eine mögliche Gebehrde, in welcher mehrere Ausdrücke vereiniget sind, und lassen Sie mich sehen, wie die Entzifferung ihrer allgemeinen Bedeutung mir gelingen werde. Ich sage: ihrer allgemeinen Bedeutung; denn die speciellere läßt sich aus dem mimischen Ausdrucke unmöglich finden, weil dieser, eben wie der musikalische, nur Arten, nur allgemeine Klassen von Empfindungen an-

Y 4 giebt.

giebt. Wenn Sie mir einen Menschen zei=
gen, der mit Gebehrden, die eben so viel Ver=
druß als Leiden ausdrucken, den gereckten
obern Körper von seinem Mitunterredner
schnell hinwegdreht und fast in demselben Mo=
ment sich wieder gegen ihn herumwirft, ihm
mit beyden ausgestrekten, flachen, nahe zu=
sammengehaltenen, zitternd bewegten Händen,
mit weit vorgelegtem obern Körper, mit feuri=
gem, anstarrendem, unverwandtem Auge eine
zornartige Lebhaftigkeit zu erkennen giebt; so
werde ich ohne Bedenken sagen: daß dieser
Mensch irgend etwas von seinem Mitunter=
redner wolle, was er auf keine Art zu erlangen
wisse; daß er über der Vergeblichkeit seiner
Bemühung einen reichlich mit Schmerz ver=
mischten Verdruß empfinde, der ihn geneigt
mache, sich loszureißen; daß aber die fort=
daurende stärkere Begierde nach seinem Zwe=
cke ihn augenbliklich wieder gegen den Mitun=
terredner hinreiße, und daß die lebhaftbeweg=
ten

ten Hände ihm die Ideen, wodurch er ihn zu
überzeugen, die Motiven, wodurch er ihn zu
lenken hofft, gleichsam sichtbar vorhalten, sei=
ne ganze Aufmerksamkeit darauf hinziehen sol=
len. Mehr als das liegt denn aber auch frey=
lich nicht in der Gebehrde: und wenn ich al=
so etwas Bestimmters erkennen sollte; so mü=
sten erst solche willführliche Zeichen da seyn,
wie ihrer die alten Pantomimen wahrschein=
lich eingeführt hatten. —

In der Erwartung, ob und was für mi=
mische Probleme Sie mir zur Auflösung vor=
legen werden, gehe ich zu einer Untersuchung
über, die mit der Lehre von der Zusammense=
tzung der Gebehrden nahe verwandt und in
meinen Augen von Wichtigkeit ist. Es fragt
sich nehmlich: ob es in der Gebehrdensprache
Synonymen, gleichbedeutende Bewegungen
gebe, die sich ohne Nachtheil eine an die Stel=
le der andren setzen lassen? oder ob vielmehr

jede

jede kleine Abänderung eine andere Seite der
Empfindung fasse, eine besondere Nüance an=
deute, die vielleicht nicht von dem Haufen, aber
von dem Kenner beachtet werde? ob es nicht
mit synonymischen Gebehrden eben der Fall,
wie mit synonymischen Wörtern sey, daß sie
zwar alle einerley Hauptidee, aber entweder
edler oder unedler, stärker oder schwächer sa=
gen, sie entweder von dieser oder von jener
Seite darstellen, mit diesen oder mit jenen Ne=
benideen in die Seele bringen? Und ob also
nicht der Schauspieler, der das höchste, das
lezte Künstlerverdienst genauer Richtigkeit
sucht, in der Wahl seiner Gebehrden eben die
feine, sorgfältige Unterscheidung anwenden
müsse, die der gute Schriftsteller in der Wahl
seiner Wörter beobachtet? — Nach einer be=
kannten Erzehlung des Macrobius gingen
zuweilen Roscius und Cicero einen kleinen
freundschaftlichen Wettkampf ein, wer von ih=
nen einen und den nehmlichen Gedanken auf

man=

mannichfaltigſten ſagen könne: ob der Schau‑
ſpieler mit Gebehrden oder der Redner mit
Worten? Roſcius, wenn er vielleicht auch
nicht gewann, muß doch wenigſtens nicht ver‑
loren haben: denn er faßte über dieſen Wett‑
kämpfen eine ſo hohe Meynung von ſeiner
Kunſt, daß er ſie in einem eignen Buche ge‑
gen die Kunſt des Redners zu meſſen wagte.*)
Wenn, wie man annehmen kann, die Varia‑
tionen des einen ſich auf die des andren bezo‑
gen; wenn beyde, ſo zu reden, einer den an‑
dren überſezten, Cicero den Roſcius in Wor‑
te, Roſcius den Cicero in Gebehrden: ſo
gäbe

*) Macrob. Saturnal. L. II. c. 10. Satis con‑
ſtat, contendere eum (Ciceronem) cum ip‑
ſo hiſtrione (Roſcio) ſolitum, utrum ille ſae‑
pius eamdem ſententiam variis geſtibus ef‑
ficeret, an ipſe per eloquentiae copiam ſer‑
mone diverſo pronunciaret. Quae res ad
hanc artis ſuae fiduciam Roſcium abſtraxit,
ut librum conſcriberet, quo eloquentiam cum
hiſtrionia compararet.

gäbe uns das einen Beweis, daß die Gebehr=
densprache nur in eben dem Sinne, wie die
Wörtersprache, Synonymen hat, und daß in
jener, wie in dieser, mit verschiedenen Aus=
drücken zwar oft dieselbe Hauptidee gesagt
wird, aber doch immer mit andren Neben=
ideen; daß es vielleicht in jener, wie in dieser,
Fälle giebt, wo die Wahl so gut wie gleichgül=
tig ist; daß sich aber sicher noch mehrere fin=
den, wo ein tiefdenkender, feinempfindender
Künstler, der seinen ganzen Charakter, seine
ganze Situation, jeden einzelnen Augenblik
in der Situation vollkommen gefaßt hat, nicht
den einen Ausdruk für den andren würde se=
tzen wollen.

Sie erinnern sich ohne Zweifel noch der
Schilderung, die ich Ihnen von der horchen=
den Julie machte? Ich gab ihr vollen reinen
Ausdruk der Sehnsucht des Herzens, ließ sie
Augen und Lippen öffnen, die Hände aus=
brei=

breiten, den Körper seitwärts, gegen den ver-
mutheten Schall hin, weit überbeugen. (Fig.
22) Aendern Sie irgend etwas in dieser
Stellung, und Sie haben die Bedeutung ge=
ändert. Anstatt des weitgeöfneten, setzen
Sie ein gekniffnes, geschärftes Auge; der of=
ne Mund werde geschlossen; die Hand, die
nach der Seite des Schalls hin ausgestrekt
war, werde zurükgezogen und der Zeigefinger
vor die Lippen gebracht: (Fig. 38) so ist es
nun nicht mehr reiner Ausdruk der plözlich
gereizten, herrschenden, vollen Begierde; es
ist schon zu viel Erkenntnistrieb in den Aus=
druk gemischt; das Geräusch, sieht man, ist ent=
fernt, ungewiß, schwach; es wird viel ruhige
Stille erfordert, um es vernehmen und un=
terscheiden zu können. In der ersten Stel=
lung also war mehr das Herz auf die Erlan=
gung eines Guts; in der zweyten ist mehr
der Verstand auf die Unterscheidung einer
Idee gerichtet. Nehmen Sie eine noch gröf=
sere

sere Aenderung vor; laſſen Sie den Kör=
per nicht mehr ſo merklich überhängen, ſon=
dern ſtellen Sie, wie man zu reden pflegt,
die Figur auf den Sprung; laſſen Sie
beyde Kniee einſinkend erſcheinen, den vor=
her ſchwebend geſtellten Fuß jezt beynahe
eben ſo feſt, wie den andren, auftreten und
zum plözlichen Fliehen ſchon etwas weiter
ausgreifen: ſo iſt es nun ganz deutlich, daß
ſich Furcht mit Begierde vermengt: der Hor=
cher iſt ſich einer Schamwürdigen oder doch
einer gefährlichen Handlung bewußt; denn
warum nähme er ſonſt, mitten in der Befrie=
digung ſeiner Begierde, Maaßregeln zu ſei=
ner Sicherſtellung? (Fig. 39) Sie ſehen in
dieſem einzigen Beyſpiel, wie das, was im
Allgemeinen gleichgültig ſcheint: eine ſolche
oder ſolche Stellung beym Horchen, es durch=
aus nicht mehr in einer beſtimmten einzelnen
Situation iſt, und wie man faſt alles, was
Girard in Beziehung auf ſynonymiſche Wör=
ter

ter ſagt, von ſynonymiſchen Gebehrden mit
vollem Rechte wiederholen kann. *)

Betrachten Sie ein paar andre Beyſpiele,
die ich von der dritten Art der Begierde, vom
Zorn, entlehne. Laſſen Sie den Beleidigten
mit erhabener geballter Fauſt gegen den Beleidiger hingerichtet, auf ihn zueilend erſcheinen, und Sie haben den vollen reinen Ausdruk der Begierde nach Angrif: laſſen Sie
ihn die geballte Fauſt gegen die Erde niedergezogen haben; lehnen Sie ihn von dem Gegenſtande um ein Weniges zurük, ſo daß er
ſich eher von ihm zu entfernen, als auf ihn
zuei-

*) S. Synonymes françois, in der Vorrede. —
Es heißt unter andern: S'il n'eſt queſtion,
que d'un habit jaune, on peut prendre le
ſouci ou le jonquille; mais s'il faut aſſortir,
on eſt obligé a conſulter la nuance. Eh!
quand eſt-ce, que l'eſprit n'eſt pas dans le
cas de l'aſſortiment? Cela eſt rare; puiſque
c'eſt en quoi conſiſte l'art d'ecrire.

zueilen zu wollen ſcheine; und Sie haben einen zuſammengeſezten Ausdruk, worinn zu-
rükſtrebende Begierde mit annähernder kämpft
und die leztere von der erſtern nur noch kaum
kann gehalten werden. Laſſen Sie den Beleidigten mit unruhiger, zitternder Hand an
den Kleidern umhergreifen, wütend in dieſen
und jenen Winkel ſchauen, in unaufhörlicher
Bewegung bald hiehin bald dorthin treten,
oder auch irgend etwas zerreißen, zerbrechen,
zerſchlagen, zerwirken; und Sie haben die
von ihrem eigentlichen Gegenſtande ſchon ſich
ableitende, aber noch rege, wirkſame, auf Angrif erhizte Begierde, wie ſie das eine Mal
noch ungewiß iſt, ob und wohin ſie ſich ablei-
ten wolle? das andre Mal von dem Beleidiger ſich ſchon wirklich zurükzieht und gegen irgend einen fremden beſtimmten Gegenſtand
ausbricht. Laſſen Sie endlich den Zornigen
ſeine Angriffe gegen ſich ſelbſt richten, ſich
entweder mit vollem Ausdrucke der Wut ins
Haar

Haar stürmen, oder mit gemäßigtem Ausdru=
cke nur dann und wann leicht hineinfahren,
oder stiller, aber innerlich heftiger, an den Spi•
tzen der Finger nagen; und Sie haben die auf
den eignen unvollkommnen Zustand sich hin•
lenkende Aufmerksamkeit der Seele, verbun•
den mit dem Bestreben, sich des unangeneh=
men Selbstgefühls zu entschütten. Das eine
Mal ist dieses Gefühl unerträglich und es ist
kein hinlänglichmächtiger widerstrebender Trieb
da, der die Begierde ihm abzuhelfen milderte;
das andre Mal ist es schwächer an sich selbst
oder auch durch andre Triebe zu eingeschränkt,
um sich mit voller Stärke auslassen zu können.
Urtheilen Sie, schon nach dieser allgemeinen
Angabe der Unterschiede, ob es bey bestimm=
ten Charakteren, in bestimmten Augenblicken,
gleichgültig seyn könne, welchen Ausdruk man
wähle? oder ob nicht vielmehr die eine Art
für die andre, der eine Grad für den andren
gesetzt, immer Fehler und oft sehr grober, lä•

3   cher•

cherlicher Fehler seyn würde? Was würden
Sie von dem gesitteten, edlen Tellheim sa=
gen, wenn er da, wo er seine Minna wegen ei=
ner Verrätherey in Verdacht hat, wirklich Hand
an sie legte? Was von einer Bethlehemitischen
Mutter, wenn sie ihre Hitze mäßigte, und den
Angrif unterließe? Was von jenem, wenn er
bey Empfindung seiner verhaßten Lage sich in
die Locken stürmte oder die Kleider zerrisse?
Und was von dieser, wenn sie beym Anblik ih=
res ermordeten Kindes das Leiden ihrer Seele
nur durch eine eingebissene Lippe verriethe?
Wahrlich! durch nichts hätte ein Lessing oder
ein Rubens die Richtigkeit seines Gefühls
und Geschmaks so verdächtig machen können,
als wenn jener ein solches Spiel angegeben,
dieser eine solche Stellung gezeichnet hätte.

In den hier aufgeführten Beyspielen sind
indessen die Unterschiede noch kräftig, noch auf=
fallend; es giebt dagegen andre schwächre
Nüan=

Nûancen. Betrachten Sie, um ein Beyspiel aus
einer andren Gattung von Affekten zu nehmen,
ein paar schwermüthige stehende Figuren. Die
eine habe die niederhangenden Hände, so ganz
wie sie von Natur hangen, nur an den Fin=
gerspitzen matt und lose in einander gefaltet
(Fig. 33); die Andre gebe den gleichfalls nie=
derhangenden Armen nur um ein Wenigs mehr
Spannung, falte die Finger etwas tiefer hin=
ein und drehe die Hände halbverwandt gegen
die Erde: glauben Sie, daß es Eins sey, wel=
che von diesen Variationen man wähle? Oder
finden Sie nicht, daß in der einen mehr reine
unvermischte Schwermuth herrsche? in der
andren sich noch ein Rest von Leiden finde, der
aber auf dem Punkte ist, in Schwermuth da=
hinzusterben? Werden Sie nicht zu der leztern
Stellung auch eine kleine Abänderung in den
Gesichtsminen fordern? eine noch bleibende
stärkere Spur von Leiden in den mehr hinauf=
gezogenen Augenbraunen, einen Rest von

Z 2 ängst=

ängſtlicher Spannung in allen Muſkeln? —
Verwechſeln Sie jezt die ſtehende mit einer
ſitzenden Figur; laſſen Sie dieſe Figur das
ſchwere müde Haupt mit der einen Hand un=
terſtützen: wird nicht auch da Art und Ort,
wie und wo die Hand das Haupt berührt;
wird nicht die Stellung des Hauptes ſelbſt, ob
es mehr ſchlaff hineinfällt, oder mehr dagegen
gepreßt und aus dem Nacken herausgehoben
iſt, einen Unterſchied machen? Wenn das
matte Haupt in die ofne Hand frey hineinſinkt,
die ihrer Länge nach ausgeſtreckten Finger es
ſanft umſpannen und leicht ins Haar ſpielen;
ſo haben Sie reine, ſtille Schwermuth: wenn
die Fauſt geballt, das Haupt ſchon etwas we=
niger hangend, etwas ſtärker gegen die Fauſt
gedrükt iſt; ſo haben Sie einen Zuſatz von
Verdruß, der denn freylich auch in der Ge=
ſichtsmine eine kleine Abänderung fordert.
Wenn die Hand, ſie mag nun ſanft ausge=
ſpannt oder geballt ſeyn, nicht in der Schläfe,

son=

sondern vor der Stirne liegt, so daß die Augen durch sie beschattet werden; so haben Sie
die hinzukommende Nüance des Triebes, sich
in sich selbst zu verschließen, sey es aus Ueberdruß vor der Welt, oder um ungestörter seinen
Ideen nachhängen zu können. Wenn die
Stirne gegen die Faust ein wenig zurükge-
beugt, und also das Kinn mehr hervorgedrükt
ist, so läßt die Gebehrde Sie schon einen merklichen Zusatz von Leiden erkennen. Wenn der
Zeigefinger einzeln vor der Stirne ruht und
die übrigen Finger, sammt der innern hohlen
Hand, einen Theil des Gesichts überschatten,
so ist das Ausdruk schärferen Nachdenkens,
der dann wieder durch Ausdrücke des Leidens,
des Verdrusses, der Schwermuth mannichfaltig nüancirt werden kann.

Es ist schwer, von Gebehrden überhaupt
und besonders von feinern Schattirungen derselben auf eine Art zu reden, daß man ver-

ständ-

ständlich bleibe, und es mag daher mit diesen wenigen Beyspielen, die ich aus einer Menge anderer auf gut Glück herausgrif, genug seyn. Wenn man in einigen der bemerkten feinern Unterschiede nichts als Grille, als leere Spitz= findigkeit sehen sollte; so würde mich das nicht wundern: wir haben noch keinen hinlänglich gebildeten Sinn für die Kunst, und sind in Ansehung ihrer noch immer ein wenig das, was in Ansehung der Musik der Musulmann ist. Das liebste Instrument ist uns, was das meiste Getöse macht, und der treflichste Vir= tuose, wer am lustigsten und kräftigsten auf= streicht. Oft, wenn das ganze Haus von lau= tem Beyfall ertönt, mögte man dem abgehen= den Schauspieler die Worte ins Ohr raunen, die einst der Flötenspieler Hippomachus zu einem seiner Schüler sagte: „Kannst du gut „gespielt haben, da solche Zuhörer dir Beyfall „geben?“*) — Ob die Leidenschaften nur ohn=

ge=

---

*) S. Aeliani Var. Histor. L. XIV. c. 8.

gefähr, nur im Ganzen, im Groben angedeu=
tet oder mit genauer Richtigkeit nach allen ih=
ren kleinen Verschiedenheiten durchgeführt
sind; ob der Vortrag jene Feinheit, jene De=
likatesse hat, die zwar freylich nur aus lauter
Kleinigkeiten entspringt, aber aus Kleinigkei=
ten, welche zusammengenommen den ganzen
Reiz der Kunst für den feinern und empfindli=
chern Kenner ausmachen, das ist den meisten
unter uns ziemlich Eins: ja sogar, wenn ein
falsches Spiel mehr ins Auge fällt, so findet
man es eben darum schöner und Beyfallswür=
diger, als das stillere, schwächere, obgleich
einzig richtige Spiel. Auch schäzt man Neu=
heit höher als Wahrheit, und rechnet es da=
her dem Schauspieler zum Verdienst an, wenn
er bey verschiedenen Vorstellungen mit Aus=
drücken wechselt; gerade, als ob es Verdienst
wäre, in jeder neuen Abschrift eines Werks
das Bessere wegzustreichen und das Schlechte=
re dafür hinzusetzen. Mit Ausdrücken wech=

seln

feln follte der Künftler, wie der Schriftfteller,
nie, als wo er Schwächen und Fehler gewahr
wird und die Aenderung zugleich Verbeffe-
rung ift.

Sie erinnern fich wohl kaum mehr der
Stelle, bey welcher Sie einft mit dem Spiel
unfrer hiefigen Agnes Bernauerinn fo zufrieden waren. Ich will fie Ihnen mit Kurzem wieder in die Gedanken bringen. — Agnes fieht durch die Reden des Kanzlers alle
die fchönen Hofnungen vernichtet, die Albrecht ihr eingeflößt hatte; fie hört, daß weder der Herzog, noch Bayern, noch das
Reich, ihre Ehe jemals erkennen werde; daß
der Herzog diefe Ehe zu zerreiffen fogar ge-
fchworen habe; fie fühlt durch jeden Vor-
fchlag, den ihr der Kanzler thut, entweder
ihren Stolz oder ihre Liebe empfindlich ge-
ränkt und erwiedert endlich auf fein mehr-
maliges Oder mit einer Art von bittrem
Spott:

Spott: „Iſt kein Oder mehr?“ Der Kanzler
betheuert ihr feyerlich: nein! Und nun faſſen
Sie die ganze Lage der Unglüklichen, die einen ſo mächtigen, ſo feſt entſchloſſenen Feind
gegen ſich anrücken ſieht; die, ihrer Seits,
durch Liebe und Stolz getrieben, eben ſo feſt
entſchloſſen iſt, ihren Albrecht nie zu verlaſſen; was kann ſie, bey ihrer Erbitterung und
Empörung, anders, als alle ihre Kräfte zum
muthigen Ertragen auch des äußerſten Schik-
ſals zuſammenraffen und ſich gegen jede dro-
hende Gefahr gleichſam ſteifen und härten?
Der Dichter hat dieſe hier einzig wahre Empfindung vortreflich gefaßt: „Ich weiß noch
„Eins: das Herz ſoll mir im treuen Buſen
„zerſpringen; ich will ſterben.“ *) Aber nichts
ſchlechter hatte die Schauſpielerinn ſie gefaßt, indem ſie, bey dieſer Aeußerung ihrer Entſchloſſenheit, den ganzen Körper zu-

Z 5   ſam-

---

*) Vierter Akt, achter Auftr.

sammendrängte, die mit Kraft in einander
gefalteten Arme bis gegen die Brust her-
aufzog, sie fest an den Leib preßte und nur
einen Augenblik, von dem Kanzler weg, in
den treuen schwellenden Busen niedersah,
gleichsam auf das Herz hin, das sie eher
wollte zerspringen als ihrem Albrecht ent-
reissen lassen. Es ist nicht möglich, deucht
mir, einen andren gleich wahren und gleich
tiefgeschöpften Ausdruk, als diesen so ruhigen und so simplen, zu finden. Und soll
nun Agnes ein so glüklich getroffenes Spiel
jemals ändern? Soll sie etwa mit der Hand
oft und ängstlich gegen das Herz schlagen,
das Gesicht zur Wehmuth verziehen und
mit einer dazu passenden gepreßten Stimme die Worte ängstlich herausstöhnen? Sie
würde mit einer solchen Abändrung den
ganzen Sinn des Dichters, den ganzen Geist
ihrer Rolle verfehlen, würde dem Kanzler
ihre versicherte Standhaftigkeit und jedem

Ken-

Kenner ihre Beurtheilung verdächtig ma=
chen. Die Worte des Dichters, weil sie
durch keine beſſren zu erſetzen ſind, müſſen
bleiben, und die Gebehrde der Schauſpiele=
rinn auch:

Haec ſemel placuit; decies repetita pla-
cebit.

Sieben und zwanzigster Brief.

Probleme, sagen Sie, wollen Sie mir kei=
ne zur Auflösung vorlegen; — vermuthlich,
weil Sie keine finden, die Ihnen schwer ge=
nug schienen: — aber einen Einwurf, der
Ihnen wichtig dünkt, hätten Sie gern beant=
wortet. Sie meynen: wenn es um die Er=
findung des Ausdrufs eine so leichte Sache
wäre; so könnten auch die Zeichnungen Aus=
druksvoller Köpfe die Schwierigkeit und das
Verdienst nicht haben, das man doch allge=
mein ihnen zugestünde. Aber haben Sie denn
auch bedacht, was es hier für einen wichtigen
zwiefachen Unterschied zwischen Maler und
Schauspieler giebt? Der Schauspieler darf zu
seinem Gesicht nur den Ausdruk; der Maler
muß zu dem Ausdruk noch obendrein das Ge=
sicht, nach Umrissen und nach Grundphysio=
gnomie,

gnomie, erfinden: jenem hilft die Natur, seine in die Imagination gefaßte Empfindung durch die Mine sichtbar machen; dieser muß durch Kunst das unter tausenden ausgewählte glük= lichere Bild der Phantasie auf einer fremden Fläche entwerfen. Durch diesen Unterschied gewinnt der Maler vor dem Schauspieler einen so großen Vorrang, daß die Kunst des leztern gegen die des erstern fast ganz verschwinden würde, wenn nicht für jenen wieder der Um= stand spräche: daß er nicht bloß im Raume, sondern auch in der Zeit wirkt, daß er nicht bloß Maler, sondern auch Musiker ist. Die weitere Erklärung hierüber künftig, wenn ich erst eine wichtige Untersuchung, die ich bis nach geendigter Lehre vom Ausdruk ver= schob, werde angestellt haben. Sie betrift die Frage: wann im Gebehrdenspiel die Malerey erlaubt und wann sie unerlaubt sey?

Um

Um uns zu dieſer Unterſuchung vorzube=
reiten, laſſen Sie uns vor allen Dingen ein
paar Beyſpiele betrachten! — Das erſte die=
ſer Beyſpiele wollte ich von der römiſchen
Bühne entlehnen; aber beym Nachſchlagen
ſind ich, daß es nur nach falſchen Erklärun=
gen paßt, und daß es nicht ſowohl die Regel
von der Malerey, als die von der Vollſtän=
digkeit und Angemeſſenheit des Ausdruks er=
läutert. Sie werden mir hoffentlich darinn
beypflichten, wenn Sie das Factum, ſo wie es
Macrobius ſelbſt erzehlt, nicht wie es neue=
re Schriftſteller ihm nacherzehlen, betrachten
wollen.

Hylas, Schüler des Pylades und von
ſeinem Lehrer in der Kunſt ſchon ſo weit ge=
bracht, daß er ihm beynahe den Rang ablief,
ſpielte einſt oder tanzte, wie es die Alten nann=
ten, ein Stük, deſſen letzte Worte lauteten:
„den großen Agamemnon.“ Hylas, um die
Idee

Idee der Größe auszudrucken, streckte seinen ganzen Körper empor, nicht anders als ob er das Maaß eines großen und hohen Mannes hätte angeben wollen. Pylades, welcher seinen Sitz unter den Zuschauern hatte, konnte sich nicht halten, und schrie ihm zu: „Du machst ihn lang, aber nicht groß." Augenblicklich verlang= te das Volk, daß Pylades selbst auf die Büh= ne treten und die nehmliche Rolle spielen sollte. Dieser gehorchte, und als er auf die getadelte Stelle kam., stellte er den Agamemnon den= kend vor; denn nichts, glaubte er, zieme ei= nem großen Könige und Heerführer mehr, als für alle zu denken. *) — So wie Du Bos, und besonders Cahusac, diese Anek= dote erzehlen, hätte sich Hylas eines sehr läp= pischen

*) Saturnal. L. II. c. 7. Nec Pylades histrio nobis omittendus est, qui clarus in opere suo fuit temporibus Augusti & Hylam discipu- lum usque ad aequalitatis contentionem eru- ditione provexit. Populus deinde inter utri- usque

pifchen Fehlers schuldig gemacht, wovon ich aber keine Spur im Macrobius finde. Jener läßt den Pantomimen alle Bewegungen eines Menschen machen, der einen andern höhern, als er selbst ist, ausmessen will, *) und dieser, der überhaupt nicht anders spricht, als ob er zugegen gewesen wäre, läßt ihn sogar auf die Spitzen der Zähen treten, um so mit Hülfe des Cothurns eine ungewöhnliche Höhe her-

usque suffiagia divisus est. Et cum canticum quoddam saltaret Hylas, cujus clausula erat:

τον μεγαν Αγαμεμνονα,

sublimem ingentemque Hylas velut metiebatur. Non tulit Pylades & exclamavit e cavea:

Συ μακρον, ȣ μεγαν ποιεις.

Tunc populus eum coëgit, idem saltare canticum. Cumque ad locum venisset, quem reprehenderat, expressit cogitantem, nihil magis ratus magno duci convenire, quam pro omnibus cogitare.

*) S. Reflexions crit. &c. T. III. p. 268.

herauszubringen. *) Ich gestehe, daß ich
nicht wohl begreife, wie ein zu Augusts Zei=
ten so geschäzter und von einem Mäcen so ge=
liebter Künstler in eine Uebertreibung, wie die=
se, habe verfallen und eine Metapher bis zu
einer so kindischen Spielerey habe ausbilden
können. Wahrscheinlich bestand sein Fehler
nur darinn, daß er den Ausdruk der Größe
in weiter nichts, als in Erhebung des Kör=
pers suchte und auch diesen Ausdruk durch ein
zu gezwungenes Ausmessen seiner Länge viel=
leicht übertrieb. Alsdann hätte auch die Ver=
besserung des Pylades nur darinn bestanden:
daß er sich leicht und ungezwungen erhoben
und zugleich in seine Stellung den Adel und
die Würde gebracht, auf seine Stirne den den=
kenden Ernst gelegt, wodurch die Idee der
Größe, als einer moralischen und königlichen,

näher

---

*) S. La Danse ancienne & moderne. T. II.
    p. 24.

Aa

näher beſtimmt werden mußte. Daß er, wie
Du Bos ſagt, Stellung und Gebehrde eines
Menſchen angenommen, der in ein tiefes Nachdenken verſenkt iſt, will mir nicht ein; denn
Erhebung des Körpers iſt beym Gefühl moraliſcher Größe eine zu natürliche, zu leicht
ſich darbietende Metapher, und Pylades
wollte ja nicht bloß als denkend erſcheinen,
ſondern auch als groß und erhaben im Denken. — Doch ſo völlig ſicher läßt ſich freylich in der Sache nicht urtheilen; das Stück,
wovon die Rede iſt, iſt verloren, und Macrobius, ohne uns im mindeſten den Gang der
Ideen und Empfindungen vorzuzeichnen, lie-
fert uns bloß die letzten Worte der Rolle.

Beſſer, als dieſe mangelhafte Erzehlung,
wird uns eine Stelle im Quintilian beleh-
ren, was für ein Unterſchied zwiſchen Malen
und Ausdrucken und wie fehlerhaft oft das er-
ſtere ſey. Der Rhetor unterſagt auf das nach-
drück-

drücklichste alle die Bewegungen, womit man
die Gegenstände, von welchen die Rede ist,
nachahmt, und setzt hinzu: daß man nicht ein=
mal Schauspielern, deren ganze Kunst doch
im Nachahmen bestehe, dergleichen Bewegun=
gen erlaube und daß die bessern unter ih=
nen sich immer mehr bemüheten, den Sinn
als die Worte auszudrucken. *) Die Regel,
wie sie Quintilian hier angiebt, ist freylich
nicht zum besten bestimmt; allein die Bey=
spiele, die er aus einer der Verrinischen Re=
den entlehnt, sind nicht übel gewählt, und ei=
ne nähere Betrachtung derselben wird uns
bald auch zu einer bessern Bestimmung der
Regel verhelfen. Cicero verspottet mit der
bittersten Verachtung den Verres, daß er,
beym Auslaufen der Flotte aus dem Hafen
von Syrakus, in der Tracht eines Weichlings
und an eine Buhlerinn wohllüstig hingelehnt,

Aa 2 am

---

*) Institut. Orat. L. XI. c. 3.

am Ufer gestanden. Er wirft ihm, unter den
heftigsten Ausrufungen und mit Bezeugung
seines äussersten Abscheues vor, daß er auf
dem Markt von Messina einen römischen Bür-
ger, den Gavius, ohne Spruch, ohne Untersuchung, ohne Verbrechen, öffentlich habe
geisseln lassen. *) Es wäre höchst fehlerhaft,
sagt Quintilian, wenn ein Redner, bey jener ersten Anklage, die Stellung des auf seine
Buhlerinn hingelehnten verächtlichen Wohl-
lüstlings annehmen, oder bey dieser leztern die
Handlung des Geisselns mit seinem Arme, die
Töne des Schmerzens mit seiner Stimme
nachahmen wollte. — Unanständige Weich-
lichkeit, Geisselung, Schmerz des Gegeisselten
waren die Gegenstände, die Cicero dachte;
Verachtung, Unwille, Erstaunen, Abscheu
waren die Empfindungen, welche diese Gegenstände bey ihm selbst erzeugten. Also nicht
die

*) In Verrem. Act. II. c. 33. & c. 62.

die äufferen finnlichen Gegenftände, wovon
die Rede ift, nicht die fremden Empfindungen, welche unfre eigne erzeugen, fondern
felbft diefe eigne gegenwärtige Empfindung
will Quintilian auf der Redner = wie auf
der Schaubühne dargeftellt, oder anders: nicht
die Gegenftände, die wir denken, will er ge=
malt; die Empfindungen, womit wir fie den=
ken, will er ausgedruft haben. Ob jene Ge=
genftände bloße körperliche Dinge, oder ob fie
felbft Gemüthsbewegungen find, thut nichts;
das Schrecken des zur Geißelung fortgeriffe=
nen Gavius vorzuftellen, wäre eben fo falfch,
als die Bewegungen des ihn Geißelnden nach=
zuahmen: die wahre Gebehrde ift in jedem
Falle nur die, welche die jetzige eigne, in der
Seele des Redenden herrfchende, Empfin=
dung darftellt; und da ich diefe allein Aus=
druf, jede andre hingegen Malerey nenne, fo
würde die nun beftimmtere Regel fo lauten:
daß Schaufpieler und Redner durch ihre Ge=

behr=

behrden nicht malen, daß sie nur ausdrucken
sollen.

Erkennen Sie die Richtigkeit dieser Regel,
noch ehe ich sie weiter ausführe, in ein paar Bey=
spielen, die ich von neuern Bühnen entlehne!
— Hamlet, eh er den Horatio um eine
ihm sehr wichtige Gefälligkeit anspricht, leitet
seine Bitte sehr natürlich durch den Lobspruch
ein: „Horatio! du bist ein so rechtschaffner
„Mann, als ich in meinem Leben einen ge=
„funden habe.“ Und da Horatio dieses Lob
als eine Schmeicheley scheint verbitten zu wol=
len, fährt er fort: „Denke nicht, daß ich
„dir schmeichle! Denn was könnt ich von
„dir für Belohnung hoffen, dessen gan=
„zer Reichthum ist, daß du Verstand ge=
„nug hast, um dir Nahrung und Kleider
„zu verschaffen? Die Schmeicheley leckt nur
„um die Füße der Großen und beugt die
„geschmeidigen Kniee nur da, wo sie Beloh=
„nung

„nung hofft." *) — Sie erinnern sich oh=
ne Zweifel noch eines Schauspielers, der bey
den lezten Worten in der That das Knie beug=
te und ehrerbietig die eine Hand gegen die
Erde senkte, nicht anders, als ob er nach dem
Saum eines Purpurmantels hätte greifen
wollen, um ihn zu küssen. Das Fehlerhafte
dieses Spiels fiel Ihnen damals außeror=
dentlich auf, und jeder Mann von Geschmack
muß es empfinden. Mit dieser Verachtung,
die der Prinz in jedem Worte gegen die krie=
chende Seele des Schmeichlers zu erkennen
giebt; mit dieser Absicht, dem Horatio al=
len Verdacht, als ob er selbst sich zum Schmei=
cheln erniedrigen könnte, zu benehmen: wie
konnt er sichs in den Sinn kommen lassen,
dem Schmeichler nachzuahmen? Wenn ja
der Schauspieler die Stelle mit einer auffal=
lenden Gebehrde begleiten wollte; so mußt er

A a 4

sich

*) Dritter Aufz. vierter Auftr.

fich eher erheben als erniedrigen, eher die Mi=
ne des Widerwillens und Efels, als die fo
ganz entgegengefezte der Verehrung anneh=
men, eher mit der Hand einen verächtlichen
Gedanken gleichfam wegwerfen, als fie demü=
thig gegen die Erde fenken. —

Cinna, in dem Corneillifchen Stück
diefes Namens, bringt Aemilien, der ei=
gentlichen Anftifterinn feiner Verfchwörung
wider Auguft, die Bothfchaft: daß die Ver=
fchwornen alle von dem größten Eifer nach
Freyheit und Rache glühen. „Wollte Gott,
„fagt er, du wärft zugegen gewefen!

Au feul nom de Céfar, d'Augufte &
d'Empereur
Vous euffies vu leurs yeux s'allumer de
fureur,
Et dans un meme inftant par un effet
contraire
Leur

Leur front palir d'horreur & rougir de
colere. *)

Dorat findet diese Verse so vortreflich, daß
er sie seinen eignen einwebt, und er mag in
diesem Urtheile Recht haben; aber wenn er
nun auch den Ausdruk, womit Baron diese
Verse hersagte, gleich vortreflich findet; wenn
er sogar den tragischen Schauspieler auf das
Beyspiel dieses französischen Aesops ausdrück=
lich hinweist und ihm die Nachahmung dessel=
ben zur Regel macht: so bedaure ich, daß ich
so durchaus nicht seiner Meynung seyn kann.
„Man war, sagt Dorat, als Baron nach
„einem Privatleben von zwanzig Jahren wie=
„der auf die Bühne trat, an den Schwulst
„und Unsinn der damaligen Schauspieler
„schon verwöhnt, und Baron mit seinem ed=
„len simpeln Spiele gefiel nicht. Aber da
„er, beym Hersagen jener Verse, wirklich hin=
„ter

*) Act. I. Sc. 3.

„tereinander bleich und roth ward; so riß er
„alle Zuschauer zur Bewunderung hin, und
„die Cabale verstummte." *) — Sie mußte wenig Kritik haben, diese Cabale; denn gerade da, wo sie verstummte, hätte sie losbre-
chen sollen. Allein ich glaube, man thut dem
guten Baron Unrecht, und die ganze Erzehlung ist eine Fabel. Denn gesezt auch, daß Baron wirklich die Stärke der Phantasie gehabt
hätte, jene so entgegengesezten, durch Phantasie kaum zu erzwingenden physiologischen Ausdrücke in einer so schnellen Folge hintereinan-
der hervorzubringen; so waren doch wohl
auch seine Wangen, wie jedes andern Schauspielers, geschminkt: und wie er unter der
Schminke so merklich habe erblassen und erröthen können, daß die Zuschauer es bemerkt
und darüber in Erstaunen gerathen, ist mir
ein

*) La Declamation theatrale, Chant. I. p. 71., die
Note.

ein Räthſel. Indeſſen, wenn er es wirklich
gethan; ſo hat er, nach meinem ganzen Gefühl, einen Fehler begangen: denn bringt er
nicht in dieſer Scene ſeiner Geliebten eine fröh-
liche Nachricht? Will er ihr nicht Hofnung
und Muth einflößen, und iſt er nicht ſelbſt voll
Hofnung und Muth? Dieſe Empfindungen
aber; wie können ſie in ſeiner Seele die ſo
entgegengeſetzten des Zorns und des Schreckens zu einer Stärke kommen laſſen, daß ſie
ſich ſo raſch und ſo ganz in ihren heftigſten Wirkungen äuſſern?

Ein noch anderes Beyſpiel giebt mir die Prä-
ſidentinn in Gotters Mariane, oder vielmehr eine ſonſt vortrefliche Schauſpielerinn,
von der ich ſie hier vorſtellen ſah. Die unglückliche Mutter erhält die ſchrekliche Nachricht: daß ihr Sohn, der ſchon ſeiner Schwe-
ſter das Leben gekoſtet, nun auch Wallers
Mörder geworden, und bricht gegen ihren Ge-
mahl,

mahl, von Schmerz und Wut übermannt, in
die fürchterlichen Worte aus: „Daß man ihn
„einholte, diesen hofnungsvollen, diesen an=
„gebeteten Sohn! daß man ihn gefesselt vor
„dem Hause seines Vaters, seiner Braut vor=
„überführte! daß ich das schadenfrohe Gebrül=
„le des Volks hörte! daß sein Vater auf dem
„Richtplaz stehn und ihn bluten sehen müß=
„te!" *) Ich hatte, da ich diese Stelle las, das
empörteste und das empörendste aller Geschöpfe
vor mir; ich sah den höchsten Ausdruk der
Wut, einen zurükliegenden Körper, starrende,
weit auseinander fahrende, mehr in die Höhe
als nach unten strebende Arme, und überdem
noch im Gesichte jeden wilden verzerrten Zug
der Verzweiflung. So fand ich auch in
der That die Schauspielerinn bey dem ersten
Ausrufe: Daß man ihn einholte! Aber bey
dem zweyten, wo sie unglücklicher Weise auf

die

*) Dritter Aufz. lezter Auftr.

die Malerey des Feſſelns fiel, war das Alles
verſchwunden. Der Körper nahm plözlich ei=
nen geraden Stand an, die Arme wurden
niedergezogen und die Hände an den Gelen=
ken kreuzweis über einander gelegt; der
ganze Ausdruk der Wut, der eine ſo un=
natürliche Rede allein entſchuldigen konnte,
war weg, und mit ihm Wahrheit und Täu=
ſchung. —

Laſſen Sie es für dießmal mit dieſen bloß
vorbereitenden Anmerkungen genug ſeyn, da
ohnehin die Materie allzu reichhaltig iſt, als
daß ſie in dieſem Einem Briefe erſchöpft wer=
den könnte.

S. 328. Z. 13. lese man statt: zu Rom —
zu Korinth.

Nachricht.

Zu diesem ersten Theile gehören 23 Kupfer=
tafeln.

Der zweyte Theil nebst den übrigen Kupfer=
tafeln wird nachgeliefert.